Les expressions
qui ont fait l'histoire

Bernard Klein

Les expressions
qui ont fait l'histoire

Librio

Inédit

Sommaire

Introduction

L'histoire n'appartient pas qu'aux historiens. C'est ainsi que la mémoire collective s'approprie des événements ou des personnages sous forme d'expressions ou de citations qui les caractérisent et gravent un fait dans la mémoire, en entrant dans le langage courant. À vrai dire, le plus souvent, ces références se révèlent tantôt apocryphes, tantôt déviées ou approximatives, et les historiens ont beau chercher à rétablir leur vérité, rien n'y fait. « *Se non è vero, è bene trovato* », dit un proverbe italien (« Si ce n'est pas vrai, c'est bien trouvé »). De fait, parfois telle expression paraît si bien caractériser un événement ou un personnage qu'elle lui est devenue indissociable : que serait Colomb sans son œuf ou Louis XIV sans son « L'État, c'est moi » ? D'autres fois, la référence historique est complètement oubliée sans que l'expression elle-même disparaisse : le Gravelotte du « ça tombe comme à Gravelotte » ne doit pas dire grand-chose à la plupart d'entre nous...

Dans ce petit dictionnaire, nous nous sommes efforcés de faire un choix dans les expressions françaises historiques. Nous n'avons retenu que celles qui sont encore régulièrement employées et qui font référence à un fait historique précis et assez aisément identifiable. Beaucoup de ces expressions concernant l'Antiquité ont fait l'objet d'un précédent volume, *La cuisse de Jupiter*, et ne sont pas reprises ici.

Les astérisques (*) renvoient à l'article de l'expression citée.

Aller à Canossa

Sens : *se soumettre de manière complète et humiliante aux conditions émises par un adversaire.*

Référence : *château situé en Italie du Nord (en Émilie-Romagne, près de Reggio) où le pape Grégoire VII a contraint l'empereur Henri IV à lui demander pardon en janvier 1077.*

Le pape Grégoire VII (1073-1085), à la suite de ses prédécesseurs, s'était efforcé de réformer l'Église catholique en améliorant le recrutement et les mœurs du clergé. À ses yeux, cela signifiait de rendre l'Église catholique plus indépendante des rois et de l'empereur qui, en Occident, régnait sur l'actuelle Allemagne et l'Italie du Nord. Les souverains du Moyen Âge avaient en effet pratiquement acquis le droit de nommer les évêques. En 1075, Grégoire VII publia des décrets dans lesquels il affirmait que seul le pape avait un pouvoir universel sur tous les chrétiens et qu'il était donc supérieur à l'empereur et aux rois. Un conflit éclata à l'occasion de l'élection d'un nouvel archevêque à Milan. L'empereur Henri IV, avec le soutien des évêques allemands, proclama la déposition du pape. Ce dernier répliqua par l'excommunication (c'est-à-dire l'exclusion de la communauté des chrétiens) de l'empereur et délia ses sujets de leur serment de fidélité. Menacé de révoltes de la part de ses sujets, l'empereur dut demander pardon au pape et pour cela se rendre au château de Canossa. En plein hiver, le pape le contraignit à rester à la porte pendant trois jours pieds nus et en costume de pénitent, avant de le faire entrer et de lui accorder son pardon. Cet épisode spectaculaire frappa les mémoires et Bismarck, le chancelier du nouvel Empire allemand, y aurait fait allusion en 1872 à l'occasion d'un conflit diplomatique avec le pape en déclarant que, cette fois, « *nous n'irons pas à Canossa* ».

« Après moi le déluge ! »

Sens : *se désintéresser de ce qui arrive après soi, même si c'est une catastrophe.*

Référence : *paroles tantôt attribuées à Mme de Pompadour, maîtresse du roi de France Louis XV (1715-1774), tantôt au roi Louis XV lui-même.*

Ces paroles sont le plus souvent prêtées à Mme de Pompadour qui, en 1757, aurait voulu ainsi consoler le roi de la défaite de ses troupes à la bataille de Rossbach face aux Prussiens : « *Il ne faut point s'affliger, vous tomberiez malade. Au reste, après nous le déluge...* » Une autre version plus vague l'attribue au roi qui aurait été dérangé dans ses plaisirs pour une affaire sérieuse : « *Les choses comme elles sont, dureront bien autant que moi ! Mon successeur s'en tirera comme il pourra ! Après moi le déluge !* » Le déluge est, dans la Bible, la punition infligée par Dieu aux hommes à cause de la décadence de leurs mœurs et qui consista en une inondation de la terre entière à laquelle seul Noé réchappa. Ces mots sonnaient ainsi comme une prophétie, puisque bientôt la Révolution française allait balayer la vieille monarchie, quinze ans après la mort de Louis XV. Très certainement apocryphes, ces paroles devinrent le symbole de l'insouciance coupable de Louis XV face aux vraies difficultés de la France.

Arriver avec toute sa smala

Sens : *venir avec toute sa nombreuse famille ou toute sa bande.*

Référence : *le mot d'origine arabe fit fortune en France après la prise de la smala (ou smalah) d'Abd el-Kader (1807-1883) en Algérie le 16 mai 1843 par le duc d'Aumale.*

L'événement fut popularisé par un célèbre tableau d'Horace Vernet, *La prise de la Smala* (1845), frappant notamment par ses dimensions : 23 mètres de long ! La smala(h) est alors l'ensemble des équipages et de la maison d'un chef arabe en Afrique du Nord, comportant des milliers de serviteurs, de parents et de soldats. Elle était mobile et accompagnait son chef : c'était une véritable ville de tentes. Cette défaite n'empêcha pas le célèbre chef de combattre encore longtemps puisqu'il ne se rendit qu'en décembre 1847, après une résistance qui avait commencé en 1832, quand Abd el-Kader fut choisi comme émir par les chefs algériens. Les chefs militaires français lui promirent, contre sa reddition, qu'il serait envoyé en Égypte ou en Palestine. Il fut d'abord envoyé en France et eut le droit d'emmener une nombreuse suite, de près d'une centaine de personnes, parmi lesquelles des serviteurs, ses trois femmes, ses enfants et d'autres parents. Son arrivée à Toulon le 29 décembre 1848 fit sans doute sensation, même si sa « smala » était alors réduite à quelques proches et n'avait pas grand-chose à voir avec celle de 1843. Les Français ne respectèrent pas leur parole et Abd el-Kader fut retenu prisonnier successivement à Pau et à Amboise jusqu'en 1852. Il fut alors libéré par Napoléon III contre la promesse de ne pas se retourner contre la France. Il s'exila à Smyrne puis à Damas, où il mourut en 1883, en se montrant fidèle à sa parole et assez favorable aux intérêts français. Le mot de smala fut réduit en France à l'idée de famille ou de bande et fut utilisé de manière péjorative.

Attendre cent sept ans (ou ne pas attendre...)

Sens : *attendre indéfiniment.*

Référence : *durée d'un fait bien mal identifié, que ce soit celle de la construction de Notre-Dame de Paris, de la guerre de Cent Ans plus celle de Sept Ans...*

L'expression idiomatique très courante signifie clairement attendre pendant une très longue durée qui excède un siècle. À part cela, rien n'est vraiment clair. Certains lexicographes ont avancé que cette durée aurait été celle de la construction de la cathédrale Notre-Dame de Paris. La date généralement adoptée pour sa construction est 1163 et on peut considérer qu'elle était à peu près achevée en 1250, soit au bout de soixante-dix-sept ans... On ne comprend donc pas d'où vient ce nombre, d'autant que 1270 ne correspond à rien pour la cathédrale et on ne voit pas le rapport avec la mort de Saint Louis cette année-là. Une autre hypothèse est de dire que cent sept ans est l'addition de la guerre de Cent Ans et de celle de Sept Ans... Celle de Cent Ans, qui selon les dates traditionnellement retenues (1337-1453) en dura donc cent seize ou cent dix-sept, représente bien une longue durée mais on ne voit guère pourquoi on y aurait rajouté celle de Sept Ans (1756-1763) qui ravagea l'Europe au temps de Louis XV. L'explication est bien étrange. Car, pour faire un compte encore plus grand, pourquoi n'y avoir pas ajouté celle de Trente Ans qui eut lieu au XVIIe siècle ? Tout ce que l'on peut dire, c'est que le nombre de cent sept est associé à l'idée de longévité au moins depuis le XVIIIe siècle. En effet le « Cent-sept-ans » était le nom d'une liqueur à base de zeste de citron et de coriandre (ou d'eau de rose selon d'autres recettes), dénomination que connaît Balzac (citée dans *Les Paysans*) : on sait la réputation qu'avaient certains élixirs pour assurer une longue vie. Bien sûr, cela n'explique toujours pas ce nombre de cent sept... Il faut sans doute renoncer à y voir une durée fondée sur un fait historique réel mais plutôt une croyance ancrée dans les esprits.

Balkanisation

Sens : *morcellement politique d'une région, d'un empire ou d'un État sur des bases instables.*

Référence : *la naissance de petits États dans les Balkans à la suite de l'effondrement de l'Empire ottoman et de l'Autriche-Hongrie de 1878 à 1920.*

Les Balkans correspondent à la péninsule européenne limitée par la Méditerranée et la mer Noire et au nord par la chaîne montagneuse des Carpates. Le mot vient du turc *balkan*, qui signifie « montagne ». Il s'agit d'une région très compartimentée et habitée de populations très variées d'un point de vue linguistique et religieux : chrétiens orthodoxes ou catholiques, musulmans, populations de langue slave (Serbes, Croates, Bulgares), hongroise, grecque, albanaise, roumaine, allemande, etc. Au XIXe siècle, deux grands empires dominaient la région, l'empire turc des Ottomans et l'empire austro-hongrois des Habsbourg. L'Empire ottoman était miné par des mouvements nationaux, le plus souvent soutenus par les grandes puissances européennes chrétiennes (Autriche, Russie, France, Angleterre), ce qui avait conduit à la naissance de nouveaux États. Ce mouvement de dislocation s'accéléra de 1878 à 1913. L'Autriche-Hongrie connut le même phénomène et, vaincue en 1918, fut disloquée par les traités de l'après-guerre. Les Balkans furent ainsi divisés en plusieurs États nouveaux, diminués ou agrandis, eux-mêmes très instables, car leurs propres populations étaient bigarrées et les frontières impossibles à tracer sur des bases linguistiques ou religieuses (Yougoslavie, Roumanie, Hongrie, Tchécoslovaquie). La balkanisation désigna donc à partir des années 1920 un morcellement en États plus petits mais fragiles. L'expression est reprise par les journalistes et les historiens à l'occasion de phénomènes comparables : balkanisation de l'Afrique (après l'effondrement des empires coloniaux), du Liban, de l'Europe orientale (après l'éclatement de l'URSS), etc., mais aussi de tout phénomène d'émiettement. Il est frappant de constater que le terme balkanisation a retrouvé récemment sa région étymologique, avec l'éclatement de la Yougoslavie depuis 1989 et les revendications d'indépendance au Kosovo en Serbie actuelle.

Boycotter, boycott

Sens : *entente en vue de nuire à une personne, une entreprise ou un pays en refusant de lui acheter ses produits.*

Référence : *action des paysans irlandais contre l'intendant Charles Boycott en 1880.*

L'Irlande du XIXe siècle était un pays très pauvre, majoritairement rural, et la plupart des paysans étaient locataires des terres de grands propriétaires britanniques, le plus souvent non résidents. Le pays faisait partie du Royaume-Uni mais le nationalisme anti-anglais s'y développait, en particulier chez les catholiques majoritaires en Irlande. En 1879, Charles Parnell, l'un des principaux dirigeants nationalistes irlandais, créa une ligue agraire pour la défense des intérêts des paysans et pour obtenir la réduction du prix des fermages. Le capitaine à la retraite Charles Cunningham Boycott, qui gérait les immenses propriétés irlandaises du comte d'Erne, se refusait à toute concession pour les fermiers. En 1880, Boycott fut véritablement mis en quarantaine sur les consignes de la Ligue agraire : on refusait ses produits, on refusait de travailler pour lui et de prendre à bail ses fermes. Il fut même, dit-on, abandonné par ses domestiques. Cette méthode spectaculaire, mais pacifique, avait aussi été utilisée pour isoler les Irlandais qui avaient accepté la ferme d'un autre Irlandais renvoyé par son propriétaire. Le boycott eut un grand retentissement, en particulier en France, où le sentiment anti-anglais était alors encore très fort. Très rapidement le nom de Boycott fut transformé en verbe, boycotter, et en nom commun, boycott.

C'est la Berezina !

Sens : *connaître une déroute majeure qui tourne à la débandade.*

Référence : *le passage de la Berezina en octobre 1812 par les troupes de Napoléon, lors de la retraite de Russie. La Berezina est une rivière affluente du Dniepr en Russie.*

En juin 1812, Napoléon avait décidé d'abattre la Russie qui, bien qu'alliée depuis 1807, demeurait la seule grande puissance continentale indépendante et se montrait de plus en plus hostile. Napoléon avait rassemblé pour cela une immense armée de plus de 600 000 hommes, composée pour une moitié environ de Français et pour l'autre de troupes fournies par les alliés de la France. La campagne avait d'abord semblé être un succès puisque les Russes avaient été vaincus à plusieurs reprises par la Grande Armée. Les Russes avaient cependant toujours réussi à se replier ; ils pratiquaient la politique de la terre brûlée et harcelaient les troupes napoléoniennes. Les effectifs de l'armée de Napoléon avaient déjà considérablement fondu lorsqu'il atteignit enfin Moscou (14 septembre 1812), espérant ainsi forcer le tsar à traiter avec lui. Mais les Russes, qui avaient abandonné leur capitale, refusaient de se reconnaître vaincus. Il était de plus impossible de trouver refuge dans la ville car elle venait d'être incendiée : Napoléon n'avait alors d'autre choix que d'ordonner la retraite vers le Niémen (22 octobre 1812). Cette retraite en plein hiver tourna au désastre car ce qui restait des troupes napoléoniennes fut décimé par le froid, la faim, les maladies et le harcèlement des Cosaques : seulement 20 000 hommes réussirent à atteindre le Niémen. Le passage de la Berezina (25 au 29 novembre 1812) fut l'un des épisodes les plus dramatiques de la retraite de Russie. En effet, alors que l'hiver permettait de franchir les rivières gelées, un redoux momentané avait fait fondre la glace, empêchant ainsi le passage alors que les troupes russes menaçaient les arrières. L'héroïsme des pontonniers de l'armée, commandés par le général Éblé, permit de bâtir dans des conditions effroyables deux ponts de bois : une partie de l'armée put traverser malgré l'écroulement de l'un des deux ponts qui provoqua la noyade d'un grand nombre de soldats dans les eaux glaciales. Le 29 novembre, à l'approche des Russes, le général Éblé donna l'ordre de brûler les ponts, provoquant une terrible bousculade des traînards qui essayaient de fuir. La mémoire française a gardé cet épisode parce qu'il mêlait tragédie et héroïsme dans le contexte d'un désastre presque total, mais aussi parce que Napoléon reconnaissait la défaite dans son XXIXe Bulletin : pour la première fois, sa renommée et celle de l'armée impériale furent véritablement atteintes.

C'est reparti comme en quarante !

Sens : *dans un sens ironique, (re)partir pour la guerre ou une grosse affaire (souvent précédé de et hop !) ; ça recommence.*

Référence : *allusion à la « guerre de 1940 » pour les Français.*

Assez étrangement, l'expression est de nos jours souvent utilisée pour parler d'une affaire qui roule alors qu'elle fait allusion à l'année de l'une des plus grandes défaites françaises. L'autre étrangeté réside dans la réduction à l'année 1940 de la Seconde

Guerre mondiale, souvent nommée la « guerre de quarante » par les Français, comme si elle avait commencé et s'était achevée cette année. La guerre avait en fait commencé le 3 septembre 1939, par la déclaration de guerre de la France et de l'Angleterre à l'Allemagne. Il est vrai que, pendant plusieurs mois, il ne s'était rien passé de très significatif sur le front français, d'où le terme de « drôle de guerre » pour la période de septembre 1939 à avril 1940. C'est en mai 1940 que les Allemands déclenchent leur offensive en France, mettant l'armée française hors de combat en quelques semaines. Le 17 juin 1940, le maréchal Pétain, devenu un peu plus tôt président du Conseil, demandait l'armistice, plutôt que de continuer le combat hors de métropole. Pour beaucoup de Français, la guerre s'était alors arrêtée... et visiblement n'avait jamais repris. C'est dire que l'expression « guerre de 1940 » convient mieux aux pétainistes qu'à ceux qui avaient décidé de résister.

C'est reparti comme en quatorze !

Sens : *dans un sens ironique, repartir, soit avec entrain, soit au contraire avec résignation, pour la guerre ou une grosse affaire (souvent précédé de et hop !) ; ça recommence.*

Référence : *allusion à l'entrée en guerre de 1914.*

La Première Guerre mondiale commença entre le 1er et le 13 août 1914, par une série de déclarations de guerre qui mettent aux prises d'un côté, l'Allemagne et l'Autriche-Hongrie, de l'autre, la Russie, la France et l'Angleterre. Le conflit s'étend ensuite à presque toute l'Europe puis au monde. Du point de vue français, la guerre de 1914 apparaît comme une revanche face à l'Allemagne suite à la défaite de 1870-1871. La mobilisation française n'eut pas lieu, contrairement à ce que fit croire la propagande, dans la joie et l'exaltation, même si la très grande majorité des Français se mobilisèrent avec la conviction d'être dans leur bon droit. L'expression « C'est reparti comme en quatorze » n'est entrée évidemment dans le langage populaire qu'après la fin de la guerre en 1918 qui s'était traduite par la victoire de la France et de ses alliés, malgré l'hécatombe de ses soldats. Elle pouvait être prononcée dès qu'une tension renaissait avec l'Allemagne, ce qui fut le cas dans les années 1920, avec l'occupation de la Ruhr puis, évidemment, en 1939, avec le déclenchement de la Seconde Guerre mondiale. La défaite française de 1940, suivie de l'armistice, démentit l'apparente parenté entre 1939 et 1914 et bientôt l'expression réductrice de « guerre de quarante » montra l'intensité du traumatisme en France. L'expression « C'est reparti comme en quarante » remplaça la précédente, avec, cette fois, une connotation de défaite et d'éternel recommencement des guerres comme en 1870, en 1914 et en 1940.

Catilinaire (une)

Sens : *un violent discours politique contre un personnage en vue.*

Référence : *nom donné aux quatre discours prononcés par Cicéron (106-43 av. J.-C.) en 63 av. J.-C. contre Lucius Sergius Catilina accusé de conspirer contre la République.*

Cicéron, Marcus Tullius Cicero, était devenu grâce à ses talents oratoires un des hommes politiques les plus en vue de son temps. En 63 av. J.-C., il réussissait même à se faire élire consul pour l'année suivante, ce qui, de son temps, était extrêmement rare pour un homme qui n'était pas de naissance noble ou qui n'avait pas de gloire militaire. Les armes de Cicéron étaient sa langue et ses paroles. Pendant son consulat, la situation politique était très troublée à Rome. Catilina, un noble romain ruiné qui avait échoué aux élections consulaires, avait organisé une conjuration en vue de prendre le pouvoir par la force. Cicéron réussit à mobiliser le sénat et le peuple contre lui, par la seule force de ses discours, et mit fin à la conjuration par l'exécution des principaux conjurés. La première *Catilinaire*, prononcée au sénat devant Catilina lui-même, resta fameuse par son exorde qui fut appris par cœur par des générations d'écoliers : « *Quousque tandem, Catilina, abutere patientia nostra ?* » (« *Jusques à quand, Catilina, abuseras-tu de notre patience ?* »)

Chambre introuvable

Sens : *une assemblée de députés dont la majorité favorable au gouvernement est écrasante.*

Référence : *la Chambre des députés élue en août 1815.*

En 1815, la monarchie des Bourbons était restaurée pour la seconde fois avec Louis XVIII, le frère de Louis XVI, grâce à la défaite de Napoléon à Waterloo. Louis XVIII paraissait ainsi revenir dans « les fourgons de l'ennemi ». On procéda alors à l'élection d'une nouvelle Chambre des députés, élue au suffrage censitaire (72 000 électeurs potentiels seulement) les 14 et 22 août 1815. Malgré ce corps électoral étroit, le roi n'était pas certain de trouver une large majorité, puisque nombre de ces électeurs étaient des bourgeois autrefois favorables à l'Empire, d'autres libéraux voire républicains. Les résultats furent surprenants : non seulement il y eut une majorité royaliste mais celle-ci représenta environ 90 % des 402 députés. L'étonnement fut tel que cette chambre fut qualifiée d'« introuvable » par le roi Louis XVIII, selon une formule inventée, dit-on, par Chateaubriand. Tout paraissait alors aller pour le mieux, mais c'était compter sans ces députés souvent « plus royalistes que le roi » (d'où leur dénomination « d'ultra-royalistes » ou « ultras »). Ils finirent par gêner l'action du gouvernement du duc de Richelieu, qu'ils trouvaient trop modéré, par leur volonté de se venger de la Révolution française et de l'Empire. La mésentente s'installa entre chambre et gouvernement : elle fut donc dissoute par le roi le 5 septembre 1816. Cette majorité « introuvable » n'avait donc duré qu'un an. Dans la politique française, on emploie l'expression à la suite d'élections où la majorité est particulièrement forte, comme ce fut le cas par exemple en juin 1968 où les Français élurent une Assemblée nationale dominée d'une manière écrasante par l'UDR et les Républicains indépendants soutenant le général de Gaulle et Georges Pompidou, à la suite de la crise de mai 1968 (354 députés sur 487).

Cheval de Troie

Sens : *don qui s'avère être fatal à celui qui le reçoit ; une ruse de guerre visant à s'introduire secrètement chez l'ennemi.*

Référence : *un des épisodes les plus célèbres de la guerre de Troie qui aboutit à la chute de la cité, assiégée par les Achéens (les Grecs).*

L'épisode le plus célèbre de la guerre de Troie ne fut pas popularisé par l'auteur grec de *L'Iliade* et de *L'Odyssée*, Homère. Ce dernier ne l'évoque que rapidement dans *L'Odyssée* comme une illustration de la ruse d'Ulysse. C'est le poète latin Virgile qui lui donna sa célébrité dans le monde occidental en l'évoquant longuement dans *L'Énéide*, au début du livre II, à travers le récit des courses errantes du Troyen Énée. Les Grecs assiégeaient vainement Troie depuis dix ans, sans parvenir à la prendre. Ils imaginèrent alors un stratagème pour s'introduire dans la ville. À cet effet, ils construisirent un immense cheval de bois sous le prétexte d'une offrande religieuse destinée à assurer leur bon retour en Grèce par la mer. Ils feignirent alors de partir et abandonnèrent le cheval dans lequel ils avaient secrètement caché une petite troupe de guerriers. Malgré la méfiance du prêtre troyen Laocoon qui exhortait ses compatriotes à se méfier de ce don des « Danaéns » (autre nom des Grecs), les Troyens firent entrer le cheval dans la ville. La nuit suivante, un complice du nom de Sinon délivra les Grecs cachés dans le cheval : ils ouvrirent alors les portes à l'armée grecque qui se trouvait à proximité et Troie succomba. Cet épisode légendaire resta dans la mémoire des Anciens qui croyaient à l'historicité de la guerre de Troie, comme un exemple de stratagème militaire, mais aussi de la force du destin puisque malgré l'abri inexpugnable de ses murailles, Troie avait été prise.

« Un cheval ! un cheval ! Mon royaume pour un cheval ! »

Sens : *avoir tout perdu par le fait d'un hasard mineur ; être prêt à tout céder pour sauver quelque chose d'essentiel.*

Référence : *exclamation prêtée par Shakespeare à Richard III, roi d'Angleterre, à la bataille de Bosworth (21 août 1485) où il fut vaincu et tué.*

Deux lignées royales se disputaient au XVᵉ siècle la couronne d'Angleterre, celle des Lancastre et celle des York, toutes deux descendantes du roi Édouard III. Ce fut la cause de nombreux complots et de plusieurs guerres civiles, dites des « Deux-Roses » : la rose blanche était l'emblème des York et la rose rouge celle des Lancastre. Richard III, de la branche d'York, était parvenu à succéder à son frère Édouard IV en 1483, en déclarant les fils de son frère illégitimes. Il les fit rapidement exécuter et régna ensuite par la terreur. Une révolte éclata bientôt contre le roi détesté ; elle fut conduite par Henri Tudor, le chef du parti des Lancastre. Les deux hommes s'affrontèrent à la bataille de Bosworth. Au cours de la bataille, Richard III tenta une charge décisive quand il vit la bannière de son adversaire à sa portée pour tuer Henri. La charge fut d'abord un succès, mais Richard III fut coupé de ses arrières par la trahison de lord Stanley. Isolé, Richard fut tué ainsi que ses compagnons. D'après les sources historiques, il n'est pas question de l'exclamation célèbre... C'est en fait Shakespeare qui dans sa tragédie *Richard III* reprit des éléments plus ou moins légendaires de la bataille : dans l'acte V, scène 4, le roi Richard doit combattre à pied, son cheval ayant été tué sous lui. Il s'écrie alors : « *A horse! a horse! My kingdom for a horse!* », non pour fuir, comme on le dit parfois, mais par désespoir de voir le pouvoir royal lui échapper faute d'un cheval pour continuer à combattre. La phrase de Shakespeare est le plus souvent utilisée dans un sens un peu dévié, pour dire que dans une situation désespérée, on est prêt à échanger son bien le plus précieux pour obtenir la vie sauve.

Cinquième colonne

Sens : *partisans ou sympathisants de l'ennemi au sein d'un pays, que ce soient des traîtres, des saboteurs ou des espions.*

Référence : *expression prêtée au général nationaliste Mola qui, en 1936, tenta de s'emparer de Madrid aux mains des républicains, au début de la guerre d'Espagne, puis utilisée couramment pendant la Seconde Guerre mondiale et la guerre froide.*

En 1936, un groupe de généraux espagnols conservateurs et nationalistes décidèrent de renverser par la force le gouvernement de l'Espagne, République depuis peu (1931), aux mains d'une coalition de gauche dite de « Front populaire », victorieuse aux élections de 1936. Le soulèvement militaire commence à Mellila, au Maroc, avec le général Franco, et s'étend ensuite dans la métropole. Les généraux conjurés ne parviennent cependant pas à rallier toute l'armée et, surtout, ils ne contrôlent pas la capitale, Madrid. L'Espagne est alors coupée en deux parties à peu près égales. Les nationalistes tentent de s'emparer de la capitale : leurs troupes sont lancées en quatre colonnes et le général Mola déclare à la radio qu'une « cinquième colonne » est prête à agir dans la ville elle-même, évoquant là les partisans nationalistes qui pourraient se soulever. L'attaque contre Madrid est un échec, mais les républicains crurent à la réalité d'une « cinquième colonne » prête à frapper insidieusement. L'expression devint rapidement célèbre dans plusieurs langues et utilisée couramment en France pendant la Seconde Guerre mondiale pour évoquer soit les traîtres dévoués à la cause nazie, soit au contraire les partisans des alliés prêts à agir au moment venu. Le terme servit aussi à traduire en français le titre d'un film d'Alfred Hitchcock, *Saboteur*, sorti en 1942 et diffusé en France après la guerre, où il est question d'un groupe de saboteurs organisé par les nazis aux États-Unis. Dans l'après-guerre, le thème de la cinquième colonne est souvent utilisé contre les communistes français, accusés d'être des agents de l'URSS.

Coup de Jarnac

Sens : *coup déloyal et imprévu porté à un adversaire afin de remporter un succès décisif.*

Référence : *un coup d'escrime célèbre porté par Guy I*er *Chabot, baron de Jarnac, à François de Vivonne, seigneur de La Châtaigneraie, lors d'un duel qui les opposa le 10 juillet 1547.*

Le baron de Jarnac était un brillant officier qui servit notamment en Italie sous le règne de François Ier. Sa femme était la sœur d'Anne de Pisseleu, duchesse d'Étampes et surtout maîtresse du roi. Celle-ci était détestée par la belle Diane de Poitiers, elle-même maîtresse du dauphin Henri (le futur Henri II). Les courtisans se partageaient en deux camps qui épousaient le parti de chacune de ces puissantes maîtresses royales. Diane de Poitiers fit un jour courir le bruit que Jarnac bénéficiait de faveurs coupables de la part de sa belle-mère et La Châtaigneraie reprit à son compte cette diffamation. L'insulte ne pouvait que provoquer un duel qui eut lieu à Saint-Germain-en-Laye, en présence du roi et de toute la cour. La Châtaigneraie, connu pour ses talents en escrime, était donné vainqueur. Mais Jarnac lui coupa soudainement le jarret d'un coup d'épée. Le coup fut efficace : Jarnac n'acheva pas La Châtaigneraie devenu ainsi inoffensif. À l'époque, le « coup de Jarnac » fut reconnu comme parfaitement loyal, même s'il fut inattendu. Le sens en est aujourd'hui devenu plus péjoratif, presque celui d'une traîtrise.

Coup de Trafalgar

Sens : *un accident imprévu et désastreux, un mauvais coup du sort.*

Référence : *la défaite navale de la flotte franco-espagnole face aux Anglais le 20 octobre 1805, au large du cap Trafalgar, près de Cadix en Espagne.*

En 1805, Napoléon semblait en mesure de débarquer en Angleterre, afin de vaincre son ennemie la plus acharnée. Il avait rassemblé la Grande Armée au camp de Boulogne, dans le Pas-de-Calais. Pour permettre le débarquement, il fallait éloigner quelque temps la puissante flotte anglaise des côtes de la Manche. La mission fut confiée à l'amiral Villeneuve qui disposait des flottes française et espagnole. Il y réussit partiellement, mais fut forcé en juillet 1805 de se réfugier dans le port de Cadix et y fut bloqué par l'amiral anglais Nelson. Villeneuve accepta malencontreusement de combattre mais Nelson montra sa supériorité tactique et détruisit la majeure partie de la flotte de Villeneuve. Nelson mourut au cours de la bataille et devint l'un des plus grands héros nationaux anglais, alors que Villeneuve, victime de la colère de Napoléon, se suicida. Cette bataille avait été en fait inutile, car Napoléon avait déjà ordonné à la Grande Armée de quitter Boulogne à la fin août 1805 pour l'Allemagne où il s'apprêtait à combattre l'Autriche et la Russie. Elle symbolisait ainsi l'invincibilité de la flotte anglaise et sonnait le glas de tout espoir, même mince, de menacer d'envahir l'Angleterre. À vrai dire, la plupart des historiens reconnaissent que, même sans ce mauvais coup du sort, le projet d'invasion de l'Angleterre était une tâche impossible.

« Élections, piège à cons »

Sens : *l'exercice du droit de vote est une illusion de démocratie.*

Référence : *slogan du mouvement de mai 1968, popularisé par un article de Jean-Paul Sartre en 1973, publié dans la revue* Les Temps modernes.

À partir du 30 mai 1968, de Gaulle et son Premier ministre Georges Pompidou reprennent l'initiative face à la contestation étudiante, aux grèves ouvrières et à l'effervescence politique. Ce jour-là, dans un discours radiodiffusé, de Gaulle annonce son intention de dissoudre l'Assemblée nationale afin d'appeler les Français à élire leurs députés et, bien entendu, à lui témoigner son soutien. Il espère ainsi unir derrière lui le pays « légal ». La campagne électorale de la droite et du centre martèle les arguments de défense de l'ordre et de la République, face aux menaces d'un supposé péril communiste. L'extrême gauche – libertaires, trotskistes, maoïstes, etc. –, qui est alors très influente auprès des étudiants, considère que cet appel au vote est le moyen de priver les citoyens de la véritable démocratie. Mais leurs idées ne sont pas partagées par les dirigeants des partis de gauche, communistes compris, qui souhaitent retrouver des voies légales et maîtrisables. Seul le PSU reprend quelques-uns des thèmes de mai 1968. Les résultats des élections de juin 1968 sont un triomphe pour les gaullistes et la droite : dès le premier tour, ils recueillent 46 % des voix et obtiennent une majorité écrasante en sièges après le deuxième tour. L'extrême gauche ne peut que dénoncer ces élections « piège à cons », alors que la volonté démocratique doit, à ses yeux, s'exprimer directement, sans représentants, dans l'action collective (manifestation, grèves, etc.). Quelques années plus tard, en 1973, Sartre reprend l'expression comme titre de l'un de ses articles dans lequel il explique en quoi le suffrage universel aboutit en fait à ne faire de chaque citoyen qu'un individu isolé qui ne peut ainsi exprimer les besoins du groupe auquel il appartient. Ces idées ne sont pas véritablement nouvelles : depuis 1789, et en particulier chez les anarchistes français de la fin du XIXe siècle, elles divisent les partisans d'une démocratie indirecte (par l'élection de « représentants ») et ceux qui souhaitent une démocratie « directe » sans médiation.

« Et pourtant, elle tourne... »

Sens : *citation utilisée pour affirmer qu'une vérité scientifique existe en elle-même malgré les rétractations imposées.*

Référence : *paroles prononcées selon la légende par le savant italien Galilée (1564-1642) à l'issue de son procès.*

Galilée, Galileo Galilei, s'était rendu célèbre de son temps par diverses inventions ou améliorations techniques (comme le thermomètre) et ses leçons de mécanique. Grâce à la mise au point d'une lunette astronomique en 1609, il découvrit l'anneau de Saturne, les satellites de Jupiter et les taches solaires, ce qui ajoutait encore à sa gloire. D'autre part, ses observations confirmaient à ses yeux le système héliocentrique de Copernic, qu'il avait depuis longtemps adopté à titre personnel sans oser le défendre publiquement dans ses enseignements, car il avait été condamné par l'Église catholique. Ce système reposait, entre autres, sur l'idée que la Terre tournait sur elle-même. En 1610, les rivaux et adversaires de Galilée, partisans du vieux système géocentrique, l'accusèrent devant le pape de défendre des idées hérétiques. Le tribunal romain du Saint-Office condamna les idées coperniciennes de Galilée comme « absurdes » et « hérétiques » et lui ordonna de ne plus les professer. Galilée obéit et se tint tranquille pendant vingt-deux ans, sous la protection du grand-duc de Toscane. Cependant, il se décida tout de même à publier en 1632 un ouvrage dans lequel il exposa, de manière un peu indécise mais tout de même explicite, le système de Copernic. Il fut alors déféré devant le tribunal de l'Inquisition en juin 1633 : le procès dura vingt jours et Galilée ne se défendit presque pas. Il fut condamné et contraint à abjurer ses idées, à genoux, devant ses juges. La légende assure qu'il murmura en se levant et en tapant du pied sur le sol : « *Eppur, si muove !* » (« Et pourtant, elle tourne ! ») L'anecdote fut certainement inventée : il fallait bien sauver l'honneur scientifique du grand savant, qui finit tristement sa vie, retiré et bientôt aveugle dans sa villa de Toscane.

« L'État, c'est moi »

Sens : *formule qui cherche à définir la monarchie absolue, souvent citée pour la condamner, de même que tout pouvoir personnel.*

Référence : *paroles attribuées à Louis XIV qui les aurait prononcées lors d'une séance au Parlement de Paris le 13 avril 1655.*

La formule est très célèbre non seulement en France mais aussi dans le monde entier, tant elle paraît bien caractériser la conception du pouvoir de Louis XIV. En 1655, la monarchie sortait à peine de la longue crise de la Fronde qui avait vu se rebeller contre le jeune roi (il a alors 17 ans) et son ministre le cardinal Mazarin une partie de la noblesse et les parlements qui étaient des « cours souveraines » de justice. Le Parlement de Paris, la plus prestigieuse et la plus importante des cours souveraines, avait prétendu exercer un contrôle sur la monarchie. En effet le Parlement avait pour rôle d'enregistrer les décisions royales, en particulier en matière fiscale, afin qu'elles puissent être effectives, et avait en principe le droit de faire des observations en vertu de son « droit de remontrances ». Ces prétentions avaient été théorisées, avec l'idée que le Parlement représentait la Nation et détenait une part de la souveraineté royale. Le 20 mars 1655, le roi s'était rendu personnellement au Parlement pour faire enregistrer plusieurs édits fiscaux. Cette présence du roi au Parlement se nomme un « lit de justice » : il rend obligatoire l'enregistrement sans discussion. Quelques jours plus tard, le 13 avril, Louis XIV est en train de chasser à Vincennes quand il apprend que le Parlement remet en discussion les édits déjà enregistrés. Il accourt aussitôt au Parlement de Paris, dans l'île de la Cité, en tenue de chasse et le fouet à la main, selon la légende, pour interdire tout débat. D'après les sources disponibles, il se contente de dire : « *Messieurs, chacun sait les malheurs qu'ont produits les assemblées du Parlement. Je veux les prévenir et que l'on cesse celles qui sont commencées sur lois et édits que j'ai apportés, lesquels je veux être exécutés. Monsieur le Premier président, je vous défends de souffrir aucune assemblée et à pas un de vous de la demander.* » Le fameux aphorisme n'a donc pas été prononcé à ce moment-là. De plus la vraisemblance s'y oppose, puisqu'en 1655 c'était encore Mazarin qui gouvernait, et que, d'un point de vue théorique, Louis XIV aurait pu dire que la « Nation » ou la « Souveraineté » réside en lui, et non l'État, qui est un instrument de la souveraineté. L'aphorisme a été popularisé à la fin du XVIIIe siècle et au début du XIXe siècle, dans un contexte de polémique antimonarchiste. C'est ainsi que l'on trouve sous la plume de Pierre-Édouard Lémontey, en 1818 : « *Cette monarchie fut pure et absolue. Elle reposa toute dans la royauté, et la royauté toute dans le roi.* [...] *Enfin le Coran de la France fut contenu dans quatre syllabes, et Louis XIV les prononça un jour : "L'État, c'est moi."* » (*Essai sur l'établissement monarchique de Louis XIV.*) La seule chose que nous apprend ce passage, c'est que la formule apocryphe était déjà considérée comme vraie ou du moins vraisemblable par beaucoup, même si les historiens sérieux, ou favorables à la monarchie, en déniaient l'authenticité. Même un grand esprit comme Alexis de Tocqueville la trouvait adaptée à Louis XIV et y faisait référence dans sa *Démocratie en Amérique* (1836).

Faire le zouave

Sens : *crâner ; faire le malin ; faire le fanfaron.*

Référence : *francisation du nom des Zwawa (ou Zhouga), nom d'une tribu kabyle, qui furent recrutés par les Français pour former des unités d'infanterie légère d'Algérie à partir de 1830. Par extension faire le pitre, faire le guignol.*

Peu de temps après la prise d'Alger (4 juillet 1830), les Français entreprirent d'élargir leur conquête. L'armée française chercha très vite à profiter des divisions locales en faisant entrer à son service des habitants, en particulier des Kabyles des montagnes, parmi lesquels ceux du Zouagha. Deux bataillons furent créés en 1831 puis un troisième un peu plus tard qui permit de former un régiment. Napoléon III fit créer deux régiments supplémentaires en 1852 puis un quatrième, appartenant à la Garde impériale en 1854. Depuis 1838, les Français avaient été autorisés à s'engager dans les zouaves et les régiments de zouaves furent dès lors majoritairement composés de Français, les Algériens « indigènes » étant recrutés dans des régiments de tirailleurs. Malgré cela, ces régiments conservèrent leur nom d'origine. Les soldats portaient un uniforme de style arabe, avec de larges pantalons bouffants et un turban qui les distinguaient des autres troupes de l'armée française. Déjà réputés pour leur bravoure dans les années 1830 et 1840, les zouaves se rendirent célèbres en France et en Europe à l'occasion de la guerre de Crimée (1854-1856). La France et l'Angleterre s'étaient engagées dans une guerre contre la Russie qui menaçait l'Empire ottoman et cherchaient à s'ouvrir une voie vers la Méditerranée. Le corps expéditionnaire français fut largement composé de troupes venues de l'armée d'Afrique qui étaient les plus aguerries, parmi lesquelles deux bataillons de zouaves. L'armée franco-anglaise débarqua le 14 septembre 1854 en Crimée, dans le but d'assiéger la forteresse de Sébastopol. La bataille de l'Alma (20 septembre 1854), du nom d'une rivière locale, permit aux Franco-Anglais de repousser les Russes qui tentaient de les rejeter à la mer et de prendre solidement pied en Crimée. Les zouaves se distinguèrent dans cette bataille : la traversée de la rivière et leur entrain à grimper courageusement les hauteurs dominées par l'armée russe frappèrent les esprits. La bataille de l'Alma fut amplement célébrée par la propagande de Napoléon III qui reçut la reine d'Angleterre Victoria en août 1855 à l'occasion de l'Exposition universelle de Paris, alors que la guerre était loin d'être finie puisque le siège de Sébastopol dura jusqu'au 8 septembre 1855 (« J'y suis, j'y reste ! »*). Pas moins de cinq grands tableaux représentant la bataille de l'Alma figurèrent à l'Exposition (de Gustave Doré, Bellangé, Beaume, Darjou et Eugène Lami) et les zouaves y tenaient bonne place : leur tenue exotique avait sans doute suscité autant que leur bravoure l'intérêt des peintres... Un nouveau pont parisien construit de 1854 à 1856 reçut également le nom de la bataille de l'Alma et fut décoré de quatre statues de soldats, dont un zouave. Lors de sa reconstruction en 1970, seul le zouave eut l'honneur de rester en place : il est vrai qu'il était devenu un personnage parisien qui servait d'instrument de mesure populaire des crues de la Seine. « Faire le zouave » fut d'abord une expression de l'argot militaire et signifia montrer de façon ostentatoire sa bravoure, crâner. L'expression devint progressivement plus péjorative et signifia par extension faire le fanfaron, voire faire le clown, sans que cette dernière acception ait un réel fondement historique. Certes, en 1857, à l'occasion d'une visite de Napoléon III au camp de Châlons, où l'empereur aimait organiser de grandes parades militaires qui attiraient un nombreux public de civils, les zouaves se distinguèrent par une « fête arabe » qui plut tant à l'empereur qu'il la fit répéter en l'honneur du duc de Cambridge. Épisode moins glorieux, le maréchal Canrobert raconte dans ses Mémoires que, lors de la débâcle de 1870, les zouaves ivres dansèrent nus devant leurs officiers au camp de Châlons.

« Faut-il mourir pour Dantzig ? » et « Faut-il mourir pour les Poldèves ? »

Sens : *il est absurde de faire la guerre pour une affaire mineure qui n'engage pas la survie du pays ; citations faites de manière péjorative pour condamner les partisans de la paix à tout prix et les « munichois* ».*

Référence : *titre d'un éditorial de Marcel Déat paru le 4 mai 1939.*

En mai 1939, la perspective d'une guerre en Europe est désormais une certitude. On avait pu croire, ou espérer, que les accords de Munich du 30 septembre 1938 allaient satisfaire Hitler et préserver la paix.

Ce fut tout le contraire. Hitler, non content de démanteler la Tchécoslovaquie – ce qui allait déjà au-delà des accords de Munich –, portait désormais ses revendications sur la Pologne et en particulier sur le « couloir de Dantzig », qui séparait depuis 1919 la Prusse-Orientale du reste de l'Allemagne. Hitler réclamait l'annexion de Dantzig (Königsberg pour les Allemands), qui était une ville libre, et l'ex-territorialité du couloir, qui était polonais. Ces exigences furent rejetées par la Pologne le 29 mars 1939. Contrairement à ce qui s'était passé en 1938, les gouvernements britannique et français étaient désormais déterminés à résister à l'Allemagne. Dès le 31 mars, l'Angleterre donnait sa garantie à l'intégrité territoriale de la Pologne, qui était par ailleurs alliée de la France, car il devenait patent que Hitler n'en resterait pas à cette revendication. La marche à la guerre était donc acceptée et les opinions publiques elles-mêmes s'y étaient résignées. Toutefois, l'esprit « munichois » subsistait dans une frange du monde politique, que ce soit dans la gauche pacifiste, ou à l'extrême droite favorable à une entente avec l'Allemagne. C'est dans ce contexte que parut l'article de Marcel Déat le 4 mai 1939 dans le journal pacifiste *L'Œuvre*, avec ce titre en forme de question. Il y écrivait : « *Je le dis tout net ; flanquer la guerre en Europe à cause de Dantzig, c'est y aller un peu fort, et les paysans français n'ont aucune envie de mourir pour les Poldèves.* » Le titre avait été choisi pour obtenir une réponse de bon sens, négative bien sûr : allait-on sacrifier des centaines de milliers de soldats comme en 1914-1918 pour une ville que personne ne connaissait en France ? Une affaire aussi mineure ? L'allusion aux « Poldèves » allait dans le même sens. Il s'agit en fait d'un peuple imaginaire, inventé en 1929 par un journaliste de

L'Action française, le journal de l'extrême droite monarchiste qui fit un canular en envoyant à quelques députés de gauche des lettres d'un soi-disant comité de défense des Poldèves, situé vaguement dans l'est de l'Europe. Le canular amusa notamment de jeunes normaliens, tel l'écrivain Robert Brasillach, et le nom se diffusa dans les milieux intellectuels de droite. Il était aussi connu du dessinateur belge Hergé qui invente un consul de Poldévie dans son album *Le Lotus bleu* paru en 1936. Bref « mourir pour les Poldèves », c'était mourir pour une fiction : à l'esprit de démission, Déat ajoutait donc un profond mépris pour les Polonais, réduits à l'état de Poldèves de bande dessinée, même s'il les qualifie d'« amis ». Le titre de l'article est demeuré célèbre depuis lors pour illustrer le défaitisme et l'esprit munichois, d'autant que Marcel Déat, qui fut d'abord un homme politique socialiste, fut l'un des principaux partisans de Vichy et de la collaboration avec l'Allemagne. Depuis lors on paraphrase souvent la question au gré des circonstances, dès qu'une crise internationale pose la question de la détermination à résister : « Faut-il mourir pour Berlin ? » ou « Faut-il mourir pour l'Afghanistan ? »

« Les Français sont des veaux... »

Sens : *on ne peut compter sur les Français qui se laissent mener à l'abattoir sans réagir.*

Référence : *formule prêtée au général de Gaulle (1890-1970), en particulier quand les Français ne le suivaient pas.*

Plusieurs témoins racontent que le général de Gaulle employait régulièrement cette formule peu aimable à l'égard de ses compatriotes. Son fils, l'amiral de Gaulle, rapporte qu'il manifesta ainsi son mécontentement de l'attitude des Français, lors de la signature de l'armistice de juin 1940 par le maréchal Pétain : la France « résistante » était alors très faible et le général de Gaulle bien seul à Londres. Il aurait encore prononcé la formule en avril 1958. Alors que la IVe République est en pleine crise à cause de la guerre d'Algérie, il est très pessimiste sur les chances qu'il a de revenir au pouvoir : après avoir démissionné en 1946, il avait en effet espéré que les Français le rappelleraient, mais ceux-ci l'oublièrent et de Gaulle connut une longue « traversée du désert ». Les faits démentiront ce pessimisme d'avril 1958 puisque, finalement, il est appelé au pouvoir le 29 mai 1958 à la suite du soulèvement d'Alger. Dans la bouche du général de Gaulle, l'expression exprimait chaque fois son dépit de ne pas être suivi par les Français, par cette « France vacharde », incapable de discipline, qui renâcle à avancer, en donnant éventuellement des coups de corne.

Gaullien

Sens : *adjectif qui fait référence à tout ce qui, en politique française, fait appel au sens de la grandeur, qu'elle soit nationale ou... personnelle.*

Référence : *tiré du nom du général Charles de Gaulle, chef de la France libre (1940-1944), du gouvernement provisoire de la République (1944-1946) et président de la République (1958-1969).*

De Gaulle est devenu un héros national à part entière. Depuis sa mort en 1970, même ses anciens adversaires ont pu se réclamer de ce « grand homme » qui a fini par susciter un véritable consensus dans l'opinion française. Même si son rôle majeur en 1940, puis en 1944-1946, avait été largement reconnu, y compris à gauche, de Gaulle avait cependant rencontré beaucoup d'adversaires, surtout pendant sa présidence. La crise de mai 1968 puis sa démission en 1969, à la suite d'un référendum perdu, avaient terni ses dernières années à la tête de l'État. Cependant après sa mort, sa figure fut constamment opposée à celle de ses successeurs et il servit en quelque sorte de baromètre de l'exercice du pouvoir. Tels fidèles partisans de De Gaulle, les « gaullistes », regrettaient que tel président abandonnât le modèle du fondateur de la Ve République. Ses anciens adversaires ne se privaient pas non plus d'en récupérer l'image en l'opposant à ceux qui s'en réclamaient les héritiers. Dès lors en France, était qualifié de « gaullien », toujours dans un sens laudatif, toute attitude digne, tout discours un peu ferme, toute politique extérieure faisant référence à la « grandeur » de la France ou toute politique intérieure faisant appel au patriotisme et à l'effort. L'important ne résidait pas dans les idées du général de Gaulle, lequel n'était d'ailleurs ni un théoricien ni un idéologue, mais dans le style « gaullien » : cette notion bien vague permet à ceux qui s'en réclament, ou que l'on qualifie ainsi, de revêtir les habits du « grand » Charles (qui dépassait effectivement le mètre quatre-vingt-dix), quelle que soit leur taille.

Grognard

Sens : *personne qui reste fidèle à un chef ou à une cause, contre vents et marées malgré son habitude de manifester son mécontentement.*

Référence : *surnom affectueux donné aux soldats de la Vieille Garde impériale de Napoléon.*

Napoléon créa en 1804 la Garde impériale, formée de soldats d'élite. D'abord destinée à la protection de l'empereur, elle devient rapidement l'unité d'élite de l'armée, qui intervient au moment décisif dans les batailles. Elle comporte plusieurs régiments, de fantassins (grenadiers notamment) et de cavaliers. Elle est aussi répartie en « Jeune », « Moyenne » et « Vieille » Garde. Les soldats de la Vieille Garde sont les plus anciens et les plus expérimentés : même dans les pires moments, ils seront toujours fidèles à l'empereur, malgré leur habitude de « grogner », c'est-à-dire de se plaindre de l'ordinaire. Mais Napoléon leur manifestait une attention particulière et démonstrativement affectueuse, d'où cette appellation de « grognards ». Par la suite, au XIXe siècle, le terme « vieux grognards » est employé plus généralement pour désigner l'ensemble des vétérans de l'armée napoléonienne. Aujourd'hui l'expression est utilisée pour désigner les amis les plus anciens et les plus fidèles d'un homme politique, sur lesquels il peut compter dans les moments difficiles.

Guerre froide

Sens : *forte tension entre deux pays qui utilisent tous les moyens pour s'affronter hormis la guerre directe.*

Référence : *la période d'affrontement entre le bloc occidental derrière les États-Unis et le bloc communiste derrière l'URSS, de 1947 à 1953, ou 1963 ou même 1989.*

L'expression « guerre froide » est popularisée par la publication d'un livre, *The Cold War*, de l'essayiste et journaliste américain Walter Lippman en 1947 et reprise ensuite couramment par le *New York Times*. L'inventeur de l'expression serait Bernard Baruch, homme d'affaires, homme politique et conseiller du président Roosevelt, mais elle avait aussi été utilisée par l'écrivain George Orwell en 1945. En tout cas, elle s'impose rapidement dans le monde entier pour qualifier le climat de guerre larvée entre les États-Unis et l'URSS. Les deux grandes puissances, appuyées sur leurs blocs, s'affrontent sur le terrain idéologique, politique et économique ; elles se livrent à une course aux armements nucléaires qui aboutit à un véritable équilibre de la terreur. La crainte d'une guerre nucléaire, dévastatrice même pour l'éventuel vainqueur, empêche en effet toute guerre ouverte et directe entre les deux grandes puissances. Elle n'évite cependant pas de véritables guerres régionales, comme celle de Corée (1950-1953). À la mort de Staline en 1953, commence une période dite de « détente », mais celle-ci est souvent compromise par des périodes de crises comme celle de 1962 (crise des missiles de Cuba) ou de 1979 (invasion de l'Afghanistan par l'URSS). En réalité, les deux mondes, libéral et capitaliste d'un côté, communiste de l'autre, ne cesseront de s'affronter, de manière plus ou moins intense jusqu'à la chute des régimes communistes en Europe (1989) et la dislocation de l'URSS (1991). La notion de guerre froide est reprise de nos jours à propos des tensions qui semblent renaître entre la Russie d'une part, les États-Unis et l'Europe d'autre part.

« Ils n'ont rien appris, ni rien oublié »

Sens : *se dit de gens qui ne tirent rien de leur expérience, surtout en matière politique.*

Référence : *mot prêté à Talleyrand (1754-1838) à propos des émigrés français qui avaient fui la France pendant la Révolution française et étaient revenus au pouvoir en 1814 puis en 1815.*

De 1789 à 1794, désapprouvant la Révolution française ou menacés d'exécution, de nombreux nobles quittent la France pour aller se réfugier à l'étranger, souvent à proximité des frontières, comme à Coblence, en Allemagne, ou à Vérone, en Italie. Ces « émigrés » se rassemblent autour des princes de la famille royale qui se sont également exilés, Louis, comte de Provence, et Charles, comte d'Artois, les frères de Louis XVI. Ils espèrent pouvoir revenir en France y rétablir la monarchie (abolie en 1792), retrouver leurs biens parfois confisqués et même rétablir les privilèges de l'Ancien Régime. Malgré de multiples complots et les guerres entre la France et les monarchies européennes, il leur fallut cependant attendre vingt-cinq ans pour pouvoir revenir, du moins pour les plus acharnés d'entre eux, puisque certains émigrés étaient rentrés à partir de 1795, après la Terreur, et surtout à partir de 1799, quand Napoléon Bonaparte prit le pouvoir. Lorsqu'en 1814 Napoléon, vaincu par la coalition européenne, abdiqua, Louis XVIII put être proclamé roi de France et rentra à Paris, accompagné d'une foule d'émigrés qui tenaient enfin leur vengeance. Le roi

« octroya » une charte constitutionnelle mais laissa mener une politique réactionnaire qui inquiéta les Français. Napoléon put tenter à nouveau sa chance : il réussit à s'évader de l'île d'Elbe et à reprendre le pouvoir. Louis XVIII et son entourage durent à nouveau s'enfuir. Cependant Napoléon fut vaincu à Waterloo, après seulement cent jours de règne : il fut cette fois exilé dans la lointaine île de Sainte-Hélène et Louis XVIII rétabli sur le trône. La chambre qui fut élue en 1815, la « chambre introuvable »*, comportait une écrasante majorité de royalistes. Les « ultras » étaient très réactionnaires et encore plus royalistes que... le roi. Selon le mot de Talleyrand, les anciens émigrés n'avaient « rien oublié » : ils se souvenaient avec nostalgie de la France d'Ancien Régime mais aussi de leur long exil dû à la Révolution et ne rêvaient que de vengeance. Ils n'avaient « rien appris », ne comprenant ni les causes de la Révolution, ni l'attachement profond des Français aux principaux acquis révolutionnaires. La formule prêtée à Talleyrand, peut-être empruntée à d'autres, analysait parfaitement l'état d'esprit de ces émigrés. Il fallut moins de quinze ans pour que les Bourbons soient à nouveau renversés par la révolution de 1830. Le mot de Talleyrand est régulièrement utilisé pour dénoncer l'incapacité à s'adapter aux évolutions de l'histoire, ou stigmatiser l'esprit de revanche après une victoire électorale. Quant à Talleyrand lui-même, ancien évêque et noble de grande famille, il avait adhéré à la Révolution à ses débuts, et après un court exil était rentré en France en 1796, où bientôt il servit Napoléon comme ministre des Affaires étrangères avant de se rallier à Louis XVIII : il avait beaucoup appris, sans rien oublier non plus...

Jacquerie

Sens : *révolte paysanne caractérisée par une grande violence.*

Référence : *la « grande Jacquerie » de 1358.*

En 1358, la situation générale du royaume de France est très mauvaise. Le roi Jean le Bon a été fait prisonnier par les Anglais à la suite de la défaite de Poitiers (1356), bataille perdue par la cavalerie française, qui combattait... à pied, face aux archers anglais. Des troubles ont lieu à Paris où le prévôt des marchands, Étienne Marcel, cherche à imposer un contrôle au régent, en s'appuyant sur le peuple parisien et celui d'autres villes. Les nobles sont accusés d'avoir failli à Poitiers et de n'être plus capables d'assurer la sécurité. À la suite d'une rixe entre gens d'armes et des paysans réquisitionnés pour des travaux, le 28 mai 1358, éclate un vaste mouvement de révolte des paysans dans le nord de la France, essentiellement en Beauvaisis et en Picardie. Cette révolte impressionne les contemporains comme le chroniqueur Froissart. Les paysans se donnent un chef, Guillaume Cale (ou Callet), forment une véritable armée, attaquent les châteaux et massacrent de nombreux gentilshommes. Il faut attendre le 10 juin pour que la révolte soit écrasée par Charles le Mauvais, roi de Navarre. Le nom Jacquerie est donné à la révolte, probablement parce que le sobriquet de « Jacques Bonhomme » était donné par dérision aux paysans par les nobles. Depuis, les émeutes paysannes violentes sont appelées jacqueries.

« J'y suis, j'y reste ! »

Sens : *ni rien, ni personne ne peut me déloger de ce que j'ai occupé, ou reprendre ce que j'ai pris ; s'accrocher à tout prix.*

Référence : *exclamation prêtée au général Mac-Mahon (1808-1893) le 8 septembre 1855, à l'occasion de la prise du fort de Malakoff, à Sébastopol.*

La guerre de Crimée (1854-1856) opposa d'un côté la Russie, de l'autre côté principalement l'Angleterre et la France qui cherchaient à empêcher la Russie de devenir une grande puissance navale en Méditerranée. Brillamment commencée par le débarquement des troupes franco-anglaises, cette guerre se caractérisa par l'interminable siège de la place forte de Sébastopol, défendue avec acharnement par les Russes (de septembre 1854 à novembre 1855). Après avoir vaincu une armée russe de secours en août 1855 et avoir fait intensément bombarder les positions russes, le général Pélissier, le commandant en chef français, ordonna enfin l'assaut contre le fort de Malakoff, situé sur un saillant qui commandait la défense de la ville. Il fut mené le 8 septembre 1855, par la division du général Mac-Mahon, le 1er zouaves en tête : les soldats français parvinrent à l'occuper au prix de lourdes pertes. Malgré l'avertissement que l'ouvrage était miné et que tout risquait de sauter, Mac-Mahon refusa d'évacuer et déclara, dit-on plus tard : « J'y suis, j'y reste ! » La prise de la position de Malakoff entraîna, dès le lendemain, l'évacuation de Sébastopol par les Russes et, bientôt, la fin de la guerre. La gloire de cette bataille profita d'abord à Pélissier qui fut fait duc de Malakoff par Napoléon III, mais l'exclamation de Mac-Mahon, sans doute légendaire, resta dans l'histoire.

Lapalissade

Sens : *vérité niaise ; évidence ; banalité ; truisme.*

Référence : *du nom de La Palisse (ou La Palice), fait maréchal de France par François Ier, mort glorieusement à la bataille de Pavie en 1525.*

Malgré ses compétences militaires et sa bravoure, Jacques de Chabannes, seigneur de La Palisse, n'aurait jamais fait entrer son nom dans la langue française sans un concours de circonstances qui ne lui doivent rien, sinon sa propre mort. Sa gloire étymologique naquit en effet d'une chanson, composée dit-on par ses soldats peu après la bataille de Pavie, dont un seul couplet subsista :

> *Monsieur d'La Palisse est mort,*
> *Mort devant Pavie ;*
> *Hélas, s'il n'était pas mort*
> *Il ferait encore envie.*

Ils furent transformés assez vite pour donner une « chute » différente :

> *Un quart d'heure avant sa mort,*
> *Il était encore en vie.*

Outre le fait que, dans l'ancienne graphie française, le *S* avait une forme qu'on pouvait confondre avec le *F*, il est probable qu'ils furent transformés (« serait » pour « ferait » et « en vie » pour « envie ») afin de produire un effet comique. Ce fut réussi puisque au cours des siècles *La chanson de M. La Palice* devint très populaire et chaque génération y ajouta un couplet, sur l'air d'un vieux noël. On attribue à Bernard de la Monnoye (1641-1728), homme de lettres, critique et tardivement académicien, la composition de la chanson, qui retraçait en plusieurs couplets la vie de La Palice, dont voici le premier :

Messieurs, vous plaît-il d'ouïr
L'air du fameux La Palisse ?
Il pourra vous réjouir
Pourvu qu'il vous divertisse.

La Palisse eut peu de bien
Pour soutenir sa naissance,
Mais il ne manqua de rien
Dès qu'il fut dans l'abondance.

En tout cas, dès le XVIIᵉ siècle, une « vérité de La Palisse » était devenue une expression courante pour désigner les... lapalissades. La Palisse était ainsi devenu un personnage de chanson et de légende.

Ligne Maginot

Sens : *obstacle imposant, coûteux mais sans efficacité.*

Référence : *la ligne de fortifications construite sur les frontières de l'est de la France et qui prit le nom d'André Maginot, plusieurs fois ministre de la Guerre de 1924 à 1931.*

Au lendemain de la guerre de 1914-1918, les gouvernements successifs s'efforcèrent de construire une puissante ligne fortifiée face à l'Allemagne et à l'Italie afin d'empêcher le développement rapide d'une offensive, de permettre de mobiliser dans de bonnes conditions et, éventuellement, de servir de base arrière pour une offensive française. Elle coûta des sommes importantes et fut l'objet de la fierté française, par sa sophistication et sa puissance. Elle constituait certes une barrière redoutable mais elle était limitée aux frontières avec l'Allemagne, laissant donc dégarnie la frontière franco-belge, où quelques travaux seulement furent menés à partir de 1935. Les plans français avaient prévu, en cas d'offensive allemande par la Belgique comme en 1914, de porter l'armée en avant afin de la contrer. Mais les Allemands prirent en mai 1940 l'armée française à contre-pied et percèrent à travers les Ardennes, réputées infranchissables pour une armée moderne. La victoire allemande fut foudroyante et la ligne Maginot n'avait pratiquement servi à rien.

Limoger, limogeage

Sens : *relever un militaire de son commandement ou un fonctionnaire de son poste à titre de sanction.*

Référence : *verbe tiré du nom de la ville de Limoges, où en septembre 1914, furent envoyés en disponibilité plusieurs généraux français.*

De septembre 1914 à janvier 1915, le général Joffre, commandant en chef des armées françaises, releva de leur commandement près de deux cents généraux. Cet éloignement du front et sans responsabilités était donc une sanction sans pour autant aller jusqu'à la mise à la retraite d'office. Pourquoi une telle valse de généraux ? Les débuts de la guerre avec l'Allemagne, déclarée le 3 août 1914, s'étaient révélés désastreux pour l'armée française. En effet, les armées allemandes avaient opéré un vaste mouvement enveloppant en passant par la Belgique, ce à quoi ne croyait pas le général Joffre. Ce dernier, selon le plan qu'il avait élaboré (le « plan XVII »), avait prévu une stratégie d'offensive à outrance et en particulier d'attaquer l'Allemagne en Lorraine et en Alsace, les provinces perdues en 1871. Or ces offensives furent rapidement des échecs, alors que le mouvement tournant allemand contraignait Joffre à ordonner une retraite générale sur la Marne, afin notamment de couvrir Paris. La situation fut certes rétablie miraculeusement par la bataille de la Marne (6-9 septembre 1914) mais les Allemands avaient envahi le territoire français et les pertes humaines avaient été énormes. Le général Joffre imputa l'échec de sa stratégie notamment à l'incapacité de nombreux officiers généraux qui n'auraient pas su appliquer ses ordres ni insuffler suffisamment l'esprit offensif à leurs subordonnés et à leurs troupes. Il décida alors de priver de leur commandement un nombre impressionnant de généraux, y compris le commandant de la 5e armée, le général Lanrezac. Beaucoup de commentateurs, hostiles à Joffre, y dénoncèrent un moyen de se dégager de ses propres responsabilités. Même si une faible partie de ces généraux « limogés » furent assignés à la 12e région territoriale militaire de Limoges, et très peu à Limoges même, le verbe limoger entra rapidement dans l'argot militaire, dès 1916, puis devint à partir des années 1930 un mot courant pour toute destitution à titre de sanction, d'un officier, d'un haut fonctionnaire, voire d'un ministre. On ne sait pourquoi Limoges eut les honneurs de former ce néologisme, plus que les autres villes de la 12e région militaire, Tulle, Brive ou Périgueux par exemple. La ville s'en formalisa même officiellement dans les années 1970...

Lynchage

Sens : *condamnation suivie d'une exécution sommaire par la foule, en dehors de tout cadre légal.*

Référence : *probablement la « loi de Lynch », c'est-à-dire les mesures prises par Charles Lynch pendant la guerre d'Indépendance américaine à l'encontre des loyalistes (pro-anglais) au début des années 1780.*

À l'origine, ce terme apparut sous la forme de « loi de Lynch ». Il s'agissait d'une référence au personnage de Charles Lynch (1736-1796) qui fut colonel de la milice et juge de paix en Virginie. Pendant la guerre d'Indépendance (1776-1783) entre les patriotes américains et les Anglais, Lynch avait mis fin à un complot de « loyalistes » (partisans des Anglais) en organisant des procès sommaires : il faisait infliger des punitions tels que châtiments corporels, confiscations et enrôlements de force. L'assemblée de Virginie légalisa rétroactivement ces actions. Très rapidement, les termes de « loi de Lynch » s'appliquèrent à des actions plus graves, c'est-à-dire les procédés d'exécution sommaire par la foule, ce qui n'avait pas été le cas des actions de Charles Lynch. La « loi de Lynch » apparaît en ce sens plus radical dans les dictionnaires anglais dès la première moitié du XIXe siècle. Elle est employée par Victor Hugo dans *Les Misérables*, dans le contexte des journées de 1832, comme une forme révolutionnaire et expéditive d'élimination des adversaires. Les « lynchages » se multiplièrent au XIXe siècle aux États-Unis, non principalement comme un amateur de westerns pourrait le penser contre les voleurs de l'Ouest mais principalement contre les Noirs, esclaves ou libres, ou encore les partisans de l'abolition de l'esclavage, avant et après la guerre de Sécession. Ce fut l'un des modes d'action du Ku Klux Klan jusqu'au XXe siècle.

Se mettre en rang d'oignons

Sens : *se ranger à la file, sur une même ligne.*

Référence : *l'ordre de préséance imposé aux états généraux de 1576 par le baron... d'Oignon sous le règne de Henri III.*

L'expression proverbiale était à l'origine « être assis en rangs d'Oignon ». Selon un dictionnaire du XVIIIe siècle, le proverbe vient du nom d'Artus de La Fontaine Solaro, baron d'Oignon, qui faisait fonction de grand maître de cérémonies aux états généraux convoqués à Blois par le roi Henri III. Il était chargé de disposer les rangs de tous les ecclésiastiques, seigneurs et autres députés dans une vaste salle quadrangulaire, selon un ordre protocolaire. Il le fit avec fermeté mais le « rang d'Oignon » ne satisfaisait pas tout le monde, car certains seigneurs se jugeaient mal placés en compagnie de plus petits qu'eux. L'expression avait d'abord en effet signifié prendre place là où il y a des gens de plus grande condition que soi-même, ce qui, bien évidemment, déplaisait fort à ceux qui se sentaient ainsi rabaissés. Le sens dérivé avait été donc longtemps s'imposer là où on n'est pas invité. Pour se moquer de ces prétentieux, il y avait un proverbe : « Bien des gens se mettent en rang d'oignon et ne valent pas une échalote. » Question de goût quant à l'échalote, mais on voit que le nom du baron avait fini par se confondre avec le légume et finalement avec l'idée plus triviale de file, comparable aux rangées d'oignons du potager, même si les oignons sont loin d'être les seuls en file...

S'en moquer comme de l'an quarante

Sens : *ne pas s'inquiéter d'une chose plus que d'un événement improbable ou qu'on ne vivra pas.*

Référence : *incertaine mais l'expression apparaît dans les années 1790, pendant la Révolution française.*

Les lexicographes français du XIXe siècle pensaient que l'expression était née de l'ironie des royalistes à l'égard de la République qui venait d'être proclamée. Le 21 septembre 1792 fut choisi pour être le début de l'An I de la République, selon le nouveau calendrier adopté en 1793. Selon ces royalistes, la République ne verrait jamais son an quarante, c'est-à-dire l'année 1832-1833, si le calendrier républicain avait duré jusque-là. D'autres préfèrent au contraire y voir une plaisanterie républicaine qui viserait donc l'an quarante du règne de Louis XVI : son règne ayant commencé en 1774, il s'agirait donc de 1814, année qu'il n'a effectivement pas connue... puisqu'il perdit la tête en 1793. Enfin certains ont pensé à l'année 1740, sous le règne de Louis XV. Tout cela est possible mais finalement peu convaincant. Une autre hypothèse voudrait que « l'an quarante » dont on se moque serait une déformation du mot « Alcoran », dénomination du Coran dans l'Occident médiéval, mais l'expression entière « s'en moquer comme de l'Alcoran » n'est pas attestée. Bref, tout cela reste bien obscur, et n'explique guère le choix du nombre quarante pour cette année insaisissable... On peut toutefois remarquer que ce nombre a une connotation particulière. Il apparaît souvent dans l'Ancien et le Nouveau Testament : par exemple, le déluge y dure quarante jours et quarante nuits ; les rois David et Salamon ont régné chacun quarante ans ; le Christ est monté au ciel (Ascension) quarante jours après sa mort, etc. C'est pourquoi ce nombre, avec ceux de 1000 et de 7, avait pris une grande importance dans les spéculations arithmétiques des astrologues et des millénaristes pour calculer la date de la fin du monde. Or, depuis le Moyen Âge, les juifs avaient adopté une ère commencée à la création du monde, en 3761 av. J.-C. selon des calculs faits au IVe siècle. Il se trouve que l'année 1740 du calendrier chrétien correspond à l'année 5500 du calendrier juif, et donc 1240 à l'année 5000, 2240 à 6000, etc. Se moquer de l'an quarante, ne serait-ce donc pas se moquer d'une fin du monde hypothétiquement fixée une année quarante d'un siècle quelconque ? L'importance accordée au nombre quarante est confirmée par le choix du titre de l'ouvrage romanesque d'anticipation philosophique de Louis Sébastien Mercier, publié en 1770, *L'An deux mille quatre cent quarante, rêve s'il en fut jamais*. Il y décrit un monde désormais heureux et libéré, où règne la raison. Cette œuvre utopique connut un grand succès et fut rééditée de nombreuses fois au XVIIIe siècle et traduite en plusieurs langues. Peut-être est-ce aussi de cet an quarante si lointain et si utopique que l'on se moquait en France dans les années 1790 ?

M... Le mot de Cambronne

Sens : *euphémisme pour ne pas prononcer le gros mot en cinq lettres, m..., et signifier un refus net et catégorique par bravade.*

Référence : *mot prêté au général Cambronne, à la fin de la bataille de Waterloo (18 juin 1815) pour signifier son refus de se rendre.*

Le soir du 18 juin 1815, alors que la bataille de Waterloo est perdue et que Napoléon a fui, les bataillons de la Vieille Garde, cernés de toutes parts et décimés par la mitraille et l'artillerie, refusent de céder. Aux sommations anglaises de se rendre, le général Cambronne, qui commande les chasseurs à pied de la Garde, aurait répondu que la « Garde meurt mais ne se rend pas » : phrase que le général lui-même déclara absurde puisque non seulement il n'était pas mort mais qu'il s'était rendu. L'autre version était plus simple : il aurait simplement rétorqué « m... ». À vrai dire, nul ne sait si ces mots ont été réellement prononcés, ni par qui, à cause des témoignages contradictoires. Mais les jours suivant la bataille, la légende prenait corps dans la presse parisienne puis à la Chambre des députés : le mot permettait de se consoler de la défaite par un exemple de bravoure héroïque. Le « mot » devint donc aussitôt un élément de la légende napoléonienne, que Victor Hugo acheva d'immortaliser dans *Les Misérables* (II, I, 14 et 15) où il écrit : « [...] *Un général anglais, Colville selon les uns, Maitland selon les autres, leur cria : Braves Français, rendez-vous ! Cambronne répondit : Merde !* » L'écrivain s'excuse ensuite d'écrire ainsi en toutes lettres « *le plus beau mot peut-être qu'un Français ait jamais dit* », car selon lui cette réplique est le mot final, celui d'une victoire : « *Foudroyer d'un tel mot le ton-nerre qui vous tue, c'est vaincre* ». Depuis, dire le « mot de Cambronne » est une manière indirecte de dire m... dans une situation difficile.

Munichois

Sens : *(être munichois) faire une concession déshono-rante et désastreuse à l'ennemi pour éviter la guerre ; capi-tuler sans combattre ; être défaitiste.*

Référence : *partisan, péjorativement, des accords de Munich, la ville allemande où eut lieu une rencontre les 29 et 30 septembre 1938 entre Adolf Hitler pour l'Allema-gne, Benito Mussolini pour l'Italie, Neville Chamberlain pour l'Angleterre et Édouard Daladier pour la France. Ces deux derniers cédèrent aux exigences de Hitler sur la Tché-coslovaquie pour préserver, au moins momentanément, la paix.*

Depuis l'arrivée au pouvoir des nazis en Allemagne, en janvier 1933, Hitler avait l'obsession de rassem-bler tout le « peuple » allemand dans un grand Reich. Il voulait aussi effacer toutes les conséquen-ces de la défaite allemande de 1918 et du traité de Versailles de 1919. Ensuite il s'agissait d'étendre l'Allemagne vers l'Est pour lui donner un « espace vital ». Depuis l'été 1935, Hitler réussit à ébranler tout le système européen par une série de coups de force auxquels ni la France ni l'Angleterre, alors les deux plus grandes puissances européennes, n'oppo-sèrent véritablement de résistance : rétablissement du service militaire obligatoire, remilitarisation de la Rhénanie face à la France (construction de la ligne Siegfried face à la ligne Maginot) et annexion de l'Autriche en mars 1938. Ce dernier succès, une conquête en pleine paix, encouragea Hitler en septembre 1938 à porter ses revendications sur le territoire des Sudètes, populations germanophones de la Tchécoslovaquie. Or la Tchécoslovaquie, État créé en 1919, était sous la protection d'une alliance avec la France depuis 1925. Le risque d'une guerre généralisée était évident, mais la France ne pouvait agir sans l'appui de l'Angleterre. Or le 15 septembre, Chamberlain avait déjà cédé à Hitler en acceptant le principe du rattachement de ces territoires à l'Allemagne. Hitler fit alors monter les enchères et exigea le 23 septembre un véritable démantèlement de la Tchécoslovaquie, assorti d'un ultimatum. La France mobilisa une partie de ses réservistes mais Chamberlain accepta une médiation de Mussolini : Daladier ne put que s'y rallier. Une conférence se tint donc à Munich et des accords furent signés, donnant toute satisfaction à Hitler. La paix semblait ainsi sauvée, mais au prix fort. Churchill dit de ces accords que « *le gouvernement [britannique] avait le choix entre la honte et la guerre. Il a choisi la honte et il a eu la guerre* ». Les opinions publiques furent d'abord soulagées, un « *lâche soulagement* », avait dit Léon Blum, car on avait en mémoire la Grande Guerre de 1914-1918. Mais il parut vite évident que cet accord, loin de mettre un point final aux ambitions de Hitler, ne faisait que l'encourager à aller encore plus loin. De fait, la guerre éclata un an plus tard. Le terme « munichois » désigna donc ceux qui reculèrent devant la guerre, soit par idéal pacifiste, soit par réalisme pour obtenir un sursis, soit encore par volonté d'un apaisement voire d'un rapprochement avec l'Allemagne nazie. Les partisans du rapprochement appartenaient surtout à la droite nationaliste et anticommuniste ; ils furent nombreux à soutenir le régime de Vichy en 1940 et à prôner la collaboration avec l'Allemagne. Dès lors, traiter quelqu'un de « munichois » en France était dénoncer un défaitiste, voire un traître. Après 1945, on évoquera souvent « l'esprit munichois » pour stigmatiser ceux qui sont partisans en Europe d'un rapprochement avec l'URSS. De même, tout accord avec une puissance jugée dangereuse et peu fiable est qualifié de « nouveau Munich ».

« Ne pas désespérer Billancourt »

Sens : *s'interdire de parler ou d'agir de manière à désespérer les ouvriers.*

Référence : *formule inspirée d'une pièce de théâtre de Jean-Paul Sartre,* Nekrassov, *jouée la première fois en 1955.*

Dans la pièce de Sartre, Georges est un escroc qui se fait passer pour un ministre soviétique, Nekrassov, qui aurait choisi de fuir l'Union soviétique. Il se fait payer cher pour faire des déclarations hostiles au communisme dans un journal du soir. Il y dit que « *l'ouvrier russe est le plus malheureux de la terre* ». Un autre personnage de la pièce, Véronique, qui est de gauche, l'accuse de « *désespérer les pauvres* ». Georges répond : « *C'est exprès : je veux détruire le communisme en Occident. Quant à tes ouvriers, qu'ils soient de Billancourt ou de Moscou, je les...* » Dans le contexte français des années 1950, l'URSS apparaît encore comme un véritable modèle pour les ouvriers. Le communisme est alors très influent, avec un parti qui obtient presque un quart des voix aux élections. La CGT, contrôlée par les communistes, est le syndicat le plus important du monde ouvrier, en particulier dans le secteur de l'automobile et dans les usines Renault nationalisées en 1945. Le principal centre de production de Renault se trouve à Boulogne-Billancourt, sur l'île Seguin, qui forme ce que l'on nomme une « forteresse ouvrière ». Dire du mal de l'URSS, paradis supposé des ouvriers, que cela soit justifié ou non, c'est donc « désespérer Billancourt » et plus généralement le monde ouvrier. La formule tirée de la pièce eut un grand succès et est toujours utilisée couramment. Elle servait à dénoncer les mensonges du PC français et sa propension à trouver le bilan de l'URSS « globalement positif », voire son cynisme car il cachait la vérité à ceux qu'il prétendait défendre. Depuis, le communisme s'est écroulé en URSS, les résultats électoraux du PCF n'ont cessé de décroître et Billancourt a fermé... Pourtant la formule sert toujours, pour dénoncer un mensonge politique ou, au contraire, pour conseiller de ne pas évoquer de mesures impopulaires, avant une élection par exemple.

Nouveau Grenelle

Sens : *réunion au sommet suivie d'un accord important entre le gouvernement et des partenaires sociaux ou autres.*

Référence : *les négociations du 25 au 27 mai 1968 entre le Premier ministre de De Gaulle, Georges Pompidou, les représentants du patronat et ceux des principaux syndicats, au ministère du Travail, situé au 127, rue de Grenelle à Paris.*

Lors de la crise de mai 1968, le mouvement étudiant qui occupait le pavé parisien s'était doublé d'un énorme mouvement de grèves spontanées, tel que la France n'en avait jamais connu. La France était totalement paralysée. Aux yeux du gouvernement, il fallait à tout prix éviter que les ouvriers et les employés ne rejoignissent un mouvement politique qui semblait devenir dangereux. Georges Pompidou décida alors de convoquer un sommet social particulièrement spectaculaire dans sa forme et dans ses décisions. Lui-même et le patronat étaient prêts à lâcher du lest pour mettre fin aux grèves et, de leur côté, les syndicats, en particulier la CGT, souhaitaient reprendre l'initiative. Toutes les organisations syndicales furent donc conviées rue de Grenelle par Pompidou. Après une journée et une nuit de négociations, un protocole des propositions du gouvernement est publié le matin du 27 mai. La mesure la plus frappante est le relèvement du salaire minimum de 35 % et de tous les autres salaires de 10 %. Ces propositions ne devinrent jamais des « accords », malgré le nom qui leur est resté dans l'histoire, puisqu'elles ne furent jamais signées : lorsque Georges Séguy vint les soumettre, au nom de la CGT, au vote des ouvriers de Renault à Billancourt, elles furent en effet rejetées et les ouvriers votèrent la poursuite de la grève. Les « accords de Grenelle » furent donc un échec dans l'immédiat mais, à moyen terme, ils permirent d'enfoncer un coin dans le front syndical et politique et servirent par la suite de base aux négociations sociales. Depuis, on a oublié que ce « Grenelle » avait été en fait un échec pour n'en retenir que la dimension spectaculaire. Faire un « nouveau Grenelle », c'est, dans le vocabulaire politique et journalistique, réunir un sommet important pour de grandes négociations, afin de mettre fin à une crise sociale ou autre, ou de frapper l'opinion.

Nouveau plan Marshall

Sens : *plan de financement à grande échelle pour résoudre un problème international d'ordre économique.*

Référence : *du nom du secrétaire d'État américain, George Marshall, qui eut la charge de préparer le programme de reconstruction de l'économie européenne (*European Recovery Program*) et annoncé dans un discours à Harvard le 5 juin 1947.*

La Seconde Guerre mondiale, plus encore que la première, avait provoqué d'énormes destructions matérielles en Europe, qui compromettaient sa renaissance économique et sociale. Les pays européens n'avaient pas les moyens financiers d'assurer cette reconstruction sans recourir à l'emprunt. Les États-Unis décidèrent alors de lancer un vaste programme de financement, sous forme de prêts et de dons aux Européens (17 milliards de dollars en quatre ans), afin, selon les termes de Marshall, de « briser le cercle vicieux de la misère ». En contrepartie, les Américains n'exigeaient qu'une coordination des États intéressés au sein de l'OECE (Organisation européenne de coopération économique). Cette surprenante générosité n'était cependant pas sans arrière-pensées politiques. Il s'agissait surtout d'éviter que la misère ne suscite des troubles politiques, ne favorise les partis communistes, puissamment représentés en France et en Italie, et par conséquent de faire obstacle à l'URSS qui était en train de mettre l'Europe de l'Est sous sa coupe. Le temps de la guerre froide* avait commencé. De fait, l'URSS refusa le plan Marshall, et à sa suite la plupart des pays sous son influence, au prétexte qu'il imposait l'économie libérale et était contraire aux souverainetés nationales. Les communistes dénoncèrent aussi l'hypocrisie de cette générosité puisque les fonds américains servirent pour une bonne part à acheter des machines et d'autres produits américains... Quoi qu'il en soit, cette aide extérieure massive contribua à faire sortir plus rapidement les économies européennes occidentales de l'après-guerre et préluda à une forte période de croissance qu'on appela les Trente Glorieuses. La prospérité retrouvée fut sans aucun doute un des facteurs les plus puissants de l'arrimage de l'Europe occidentale à l'alliance américaine. Depuis lors, on parle de « nouveau plan Marshall » lorsque l'on souhaite une aide massive pour améliorer une situation ou résoudre une crise, par exemple, pour aider l'Afrique à réussir son développement.

Nouvelle affaire Dreyfus

Sens : *décision politique ou judiciaire scandaleusement injuste, reposant sur des présupposés xénophobes ou racistes.*

Référence : *la condamnation à tort du capitaine Dreyfus pour trahison en 1894, point de départ de l'affaire qui conduira à sa réhabilitation.*

Le capitaine Alfred Dreyfus est accusé en 1894 d'avoir livré des renseignements militaires à l'ambassade d'Allemagne. Sur la foi d'indices très minces, et surtout parce qu'il est mal vu de ses supérieurs notamment parce qu'il est juif, Dreyfus est condamné à la dégradation et à la déportation. Son frère et un journaliste, Bernard Lazare, se battent toutefois pour prouver son innocence. Alors qu'en 1896 l'État-major découvre que le vrai traître est un autre homme, le commandant Esterhazy, il refuse la révision du procès pour sauvegarder l'honneur de l'armée. En 1897-1898, l'affaire devient véritablement publique, notamment grâce à l'article d'Émile Zola, « J'accuse ! » paru dans *L'Aurore* le 13 janvier 1898, à la suite de l'acquittement d'Esterhazy. L'opinion et les partis se divisent alors en « dreyfusards » et « antidreyfusards » : les premiers, le plus souvent à gauche, réclament la révision du procès et la réhabilitation de Dreyfus, au nom des principes de la justice et du droit ; les seconds, le plus souvent à droite, nationalistes et antisémites, considèrent qu'il faut défendre l'Armée, même si Dreyfus est innocent. Les dreyfusards obtiennent la tenue d'un nouveau conseil de guerre en 1899 mais, contre leurs attentes, il est à nouveau condamné, avec « des circonstances atténuantes ». Dreyfus accepte finalement la grâce du président de la République Émile Loubet. Ce n'est qu'en 1906 que la Cour de cassation le réhabilite et que Dreyfus réintègre l'armée. L'affaire Dreyfus fut très importante dans l'histoire de la prise de position des intellectuels en France au nom des grands principes du droit qui fondent la République. Elle est évoquée souvent lorsqu'on souhaite mobiliser l'opinion sur une injustice afin d'éviter une « nouvelle affaire Dreyfus ».

Nouvelle Bastille à prendre

Sens : *abattre le symbole d'un pouvoir tyrannique.*

Référence : *la prise de la Bastille à Paris, le 14 juillet 1789.*

La prise de la Bastille est devenue un événement emblématique de la Révolution française et le

14 juillet 1789 fut choisi comme la date de la fête nationale française en 1880. Le fait lui-même fut pourtant assez mineur mais illustra l'intervention du « peuple » de Paris dans la Révolution. Le roi Louis XVI avait renvoyé le 11 juillet le ministre Necker qui était très populaire et semblait vouloir recourir à la force pour s'opposer à la révolution. Camille Desmoulins appela alors le peuple parisien à s'armer pour défendre l'Assemblée nationale constituante, alors encore à Versailles. Un comité de bourgeois parisiens s'installa à l'Hôtel de Ville et le peuple des faubourgs se fournit en armes en attaquant l'hôtel des Invalides. La foule se tourna contre la Bastille, ancienne forteresse devenue une prison, qui dominait de ses hautes tours le faubourg Saint-Antoine. Bien que défendue seulement par quatre-vingts Invalides et une trentaine de Suisses, sans réserves de vivres ni de munitions, sous le commandement du gouverneur de Launay, le siège fit tout de même une centaine de victimes parmi les assaillants. De Launay fut capturé et traîné en place de Grève où il fut exécuté. La Bastille fut démolie en 1790. Pourquoi s'attaquer à cette prison quasi vide en 1789 ? Celle-ci ne renfermait en effet que sept condamnés de droit commun... C'est que la Bastille était devenue au XVIIIe siècle le symbole de l'arbitraire royal : le roi avait le pouvoir d'y faire enfermer qui il voulait par lettre de cachet, même s'il ne le faisait pratiquement plus. C'était donc le symbole qui était attaqué et non une réalité, déjà tombée en désuétude. L'événement devint aussi emblématique de la capacité du peuple à imposer sa volonté. Depuis, on parle de « nouvelles Bastilles à prendre » pour désigner toute forme d'autorité jugée tyrannique qu'il faut abattre, comme le pou-

voir de l'argent ou le pouvoir masculin, même si on ne songe plus, généralement, à une action armée.

Œuf de Colomb

Sens : *c'est simple, mais il fallait y penser.*

Référence : *anecdote apocryphe concernant Christophe Colomb au retour de son premier voyage de découverte de l'Amérique en 1493.*

Parti d'Espagne le 3 août 1492, Christophe Colomb avait découvert de nouvelles terres, les îles des Bahamas, de Cuba et d'Hispaniola (Saint-Domingue), ce qui allait révéler l'existence d'un nouveau continent, l'Amérique. La découverte fut confirmée par les trois voyages suivants. Sa gloire fut immense et à son premier retour, en mars 1493, il fut comblé d'honneurs par le roi Ferdinand d'Aragon et la reine Isabelle de Castille, avant de repartir dès 1493 pour son second voyage. Mais, raconte Girolamo Benzoni dans son *Histoire du Nouveau Monde* parue en 1565, sa renommée suscita des jalousies. Des savants prétendirent qu'il n'avait rien découvert qui ne fût déjà connu auparavant et que rien n'était finalement plus facile que ses découvertes. Au cours d'un repas où on lui tenait de tels propos, il demanda à ses détracteurs de faire tenir un œuf debout sur une table. Personne ne put le faire. Colomb prit l'œuf, d'un petit coup en écrasa le bout et le fit tenir. Tout le monde de s'écrier : voilà qui est trop facile ! Et lui de répondre que ce qu'ils *auraient pu* faire, lui l'*avait* fait. Le livre de Benzoni fut traduit en plusieurs langues, notamment en français et rendit l'anecdote célèbre. Voltaire lui-même, qui la popularisera au XVIIIe siècle dans son

Essai sur les mœurs, ne croit pas à la réalité de l'anecdote et écrit que l'histoire authentique se rapportait à Brunelleschi, le célèbre architecte de la coupole de la cathédrale de Florence mort en 1446. À vrai dire, l'histoire de « l'œuf de Brunelleschi » a des chances d'être aussi inexistante que celle de l'œuf de Colomb, puisqu'elle est seulement racontée par Vasari dans ses biographies d'artistes parues en 1550. Comme le dit Voltaire, « *la plupart des bons mots sont des redites* ». Mais laissons l'œuf à Colomb, puisqu'il lui est attribué universellement dans toutes les langues et que le célèbre navigateur n'eut pas l'honneur de donner son nom au continent.

Opium du peuple

Sens : *croyance ou activité qui procure un bonheur illusoire au peuple.*

Référence : *citation d'après un passage d'une œuvre de Karl Marx (*Critique de la philosophie du droit de Hegel, *1843).*

Marx explique dans l'introduction à cette œuvre que « *la religion est le soupir de la créature opprimée, l'âme d'un monde sans cœur* [...]. *Elle est l'opium du peuple* ». Pour le philosophe, la religion est en effet tout à la fois l'expression de la détresse du peuple, une protestation contre celle-ci et un moyen de supporter la misère. Selon Marx, il est donc nécessaire d'abolir la religion qui entretient l'illusion du bonheur ; ainsi libéré de son opium, le peuple prendra conscience de la triste réalité de sa condition et exigera un bonheur réel. La formulation eut un très grand succès en Europe, à une époque où la religion, en particulier catholique, apparaissait comme un instrument de pouvoir des régimes conservateurs. En France les gauches, libérales ou socialistes, partageaient le même anticléricalisme. Depuis le XXe siècle, « l'opium du peuple » ne définit plus seulement le rôle édulcorant de la religion mais est largement employé pour dénoncer tout ce qui engourdit les consciences, que ce soit la télévision, la publicité ou, pour certains, le sport.

« Paris vaut bien une messe »

Sens : *citation utilisée pour justifier une concession plus ou moins déshonorante mais qui permet d'obtenir un succès majeur.*

Référence : *elle a été prêtée au roi de France Henri IV, qui, afin d'être reconnu comme roi de France, abjura la religion protestante pour devenir catholique le 25 juillet 1593, ce qui concrètement se traduisit par sa participation à une messe catholique.*

Au XVIe siècle, la France est profondément meurtrie par les « guerres de Religion » (1562-1594) qui opposent la minorité protestante à la majorité catholique. Lorsque le roi Henri III meurt assassiné en 1589, sans fils pour lui succéder, la couronne royale revient de droit à son cousin Henri de Navarre, de la branche cadette des Bourbons, descendante de l'un des fils de Saint Louis (Louis IX). Mais Henri était protestant et ne fut pas reconnu par les chefs de la Ligue, le parti catholique. La Ligue s'appuyait sur l'Espagne et, en France, notamment sur la population de Paris : la capitale du royaume était en effet farouchement attachée à l'Église catholique. Pour s'imposer, Henri IV dut combattre quatre années mais, malgré ses victoires, ne parvint pas à prendre Paris. En 1593, la Ligue convoqua à Paris des états généraux en vue d'élire un souverain catholique, seul légitime à ses yeux. Par le jeu des alliances matrimoniales, ce devait être Isabelle, fille de Philippe II d'Espagne et d'Élisabeth, elle-même fille du roi de France Henri II et nièce de Henri III. Devant cette menace et prenant en considération le sentiment national français, Henri de Navarre décida d'abjurer solennellement sa foi protestante à l'abbaye de Saint-Denis, près de Paris, et donc d'y participer à une messe comme catholique. Henri IV parvint ainsi à se rallier la plupart des grands seigneurs et des villes catholiques, et surtout Paris, dans laquelle il entra en 1594, sans aucune effusion de sang. Les protestants, parfois profondément choqués, ne pouvaient qu'accepter la conversion de leur ancien « champion ». Il était désormais roi légitime de toute la France. « Paris valait donc bien une messe » : l'expression suggérait que le roi n'était peut-être pas très sincère mais aussi qu'il n'avait pas eu de scrupule à abandonner le protestantisme pour obtenir la couronne. Comme souvent, il est probable que le roi Henri IV n'ait jamais prononcé ces mots, qui sont prêtés sous une forme légèrement différente à Sully, le fidèle ministre du roi, dans un texte anonyme de 1622 (« *la couronne vaut bien une messe* »). Mais l'expression convenait si bien aux circonstances qu'elle resta attachée au roi.

Pasionaria

Sens : *femme militante enflammée.*

Référence : *la Pasionaria est le pseudonyme de Dolorès Ibárruri Gómez (1895-1989), une des principales figures du Parti communiste espagnol et de la guerre d'Espagne (1936-1939).*

Née en 1895 en Biscaye, dans le Pays basque espagnol, Dolorès Ibárruri se convertit au socialisme à la suite de son mariage avec un militant socialiste. La révolution bolchevique de 1917 en Russie l'enthousiasma et, en 1920, elle adhéra au Parti communiste espagnol naissant, qui, comme partout en Europe, naquit de la scission des socialistes. Elle prit le pseudonyme de *Pasionaria*, pour signer son premier article dans le journal *Le Mineur de Biscaye* : le mot signifie « fleur de la Passion », la passiflore. Elle fit carrière dans le parti et fut élue en 1930 au Comité central de son parti. En 1936, elle fut élue députée aux Cortes, au moment de la victoire du Frente Popular (Front populaire espagnol). Le gouvernement de front populaire suscita l'hostilité virulente des milieux conservateurs et de l'Église : une partie des généraux fomenta un putsch le 17 juillet 1936 visant à renverser le gouvernement « républicain ». Ce fut le début de la « guerre d'Espagne » qui eut aussitôt un retentissement international et rendit célèbre Dolorès Ibárruri dans le monde entier. Elle frappa les esprits par ses discours enflammés et popularisa en juillet 1936 le célèbre slogan « *No pasaran* » (« Ils ne passeront pas ») qui symbolisera la résistance héroïque de Madrid face aux forces des généraux nationalistes. Elle devint une véritable icône de la lutte antifasciste dans le monde : son pseudonyme, qui rappelle le thème chrétien de la Passion du Christ, est dès lors plus populaire que son nom propre. Sa connotation religieuse fait penser au sacrifice et au martyre : la Pasionaria est en quelque sorte la Jeanne d'Arc du communisme espagnol. Comme on le sait, le Frente Popular fut vaincu en 1939. La Pasionaria dut se réfugier en URSS et attendre la mort du général Franco en 1975 pour revenir en Espagne, où elle fut élue députée en 1977 au moment du rétablissement de la démocratie.

Perfide Albion

Sens : *allusion, de connotation péjorative, à la politique de l'Angleterre à l'égard de la France.*

Référence : *locution devenue populaire à partir du XVIIIe siècle pour qualifier la politique de l'Angleterre.*

Albion est le nom que donnait Pline l'Ancien (mort en 79) à l'île de Grande-Bretagne et *Albiones* à ses habitants. On ne sait pas d'où vient ce nom, peut-être du latin *albus* (« blanc »), à cause des falaises blanches du côté de Douvres, peut-être d'un nom d'origine celtique. Le qualificatif « perfide », synonyme de sournois et de traître, fut associé à l'Angleterre l'une des premières fois par Bossuet (1627-1704). Dans l'un de ses sermons, il évoquait la perfide Angleterre « à l'abri de ses mers » : il comparait ainsi l'Angleterre à la Carthage de l'Antiquité, elle aussi puissance maritime et, pendant longtemps, à l'abri d'une attaque des Romains sur son propre sol. Or les Romains accusaient traditionnellement les Carthaginois de perfidie (la « perfidie punique »). L'association de « perfide » et d'« Albion » devint courante à la fin du XVIIIe siècle et au début du XIXe siècle. L'Angleterre, l'ennemie « héréditaire » de la France depuis la guerre de Cent Ans jusqu'à l'Entente cordiale de 1904, était de fait inaccessible aux invasions de la France grâce à ses mers protectrices et à sa flotte, et, forcément « perfide » puisqu'elle était ennemie et qu'elle avait brûlé Jeanne d'Arc. La locution est systématiquement employée dès que les Français ont à se plaindre de la politique anglaise.

Philippique

Sens : *violent discours politique contre un personnage en vue.*

Référence : *nom donné aux discours prononcés par l'orateur athénien Démosthène contre le roi Philippe de Macédoine entre 351 et 341 av. J.-C. et à ceux de l'orateur romain Cicéron contre Marc Antoine en 44-43 av. J.-C.*

Au milieu du IVᵉ siècle av. J.-C., Athènes était très affaiblie par les guerres qu'elle avait menées contre ses rivales Sparte et Thèbes. Elle était en outre menacée par la montée en puissance du royaume de Macédoine et la politique conduite par le roi Philippe II (roi de 359 à 336 av. J.-C.) qui profitait des divisions des cités grecques pour agrandir son royaume et, de fait, pour assujettir les Grecs. Démosthène (384-322 av. J.-C.) s'efforça de réveiller le patriotisme de ses concitoyens : il fallait les convaincre de s'opposer par les armes aux avancées de Philippe afin de préserver l'indépendance d'Athènes et la liberté de toutes les cités grecques. Il proposa donc de s'allier à Thèbes, l'ennemie « héréditaire » d'Athènes. Il y réussit tardivement (en 341 av. J.-C.) mais ce fut un combat finalement perdu, puisque Philippe de Macédoine vainquit les Athéniens et leurs alliés à la bataille de Chéronée en 338 av. J.-C. Démosthène y gagna cependant une très grande gloire et incarna pour l'histoire le modèle du défenseur de la liberté.

C'est en souvenir de ces discours de Démosthène, que le même nom de « *Philippiques* » fut donné aux discours prononcés par Cicéron contre Marc Antoine. Ce dernier était un fidèle ami et allié de Jules César, assassiné en 44 av. J.-C., dont il se présentait comme l'héritier politique. Cicéron crut possible de s'opposer à Marc Antoine afin de rétablir le fonctionnement normal de la République. Il s'allia pour cela avec le jeune Octave, petit-neveu et fils adoptif de César, et convainquit le sénat par ses discours enflammés à déclarer Antoine ennemi public. Mais sa politique échoua, car Octave se rapprocha d'Antoine et d'un autre puissant personnage, Lépide, pour former un triumvirat. Les triumvirs prirent ensemble le pouvoir à Rome et décidèrent d'éliminer une grande partie de leurs ennemis par des proscriptions : Cicéron en fut la victime la plus célèbre. Il fut égorgé. Sa tête et sa main droite, qui avait écrit les *Philippiques*, furent tranchées, apportées à Antoine puis exhibées sur les Rostres, la tribune du Forum. L'historien Dion Cassius rapporte que la femme d'Antoine, Fulvia, qui était en outre la veuve de Clodius, un autre ennemi politique de Cicéron mort assassiné en 52 av. J.-C., se serait vengée de manière spectaculairement atroce : elle aurait pris la tête de Cicéron sur ses genoux, et tout en l'insultant et en lui crachant dessus, lui sortit la langue et la lui perça de son épingle à cheveux. Sa langue avait été l'arme la plus puissante de Cicéron : il en fut aussi la victime.

« Que d'eau ! Que d'eau ! »

Sens : *citation en forme de lapalissade faite pour une constatation banale et évidente.*

Référence : *exclamation prêtée au président de la République Mac-Mahon lors de sa visite dans le Sud-Ouest inondé en 1875.*

Le général Mac-Mahon s'était rendu célèbre par son « J'y suis, j'y reste »* lors de la prise du fort de Malakoff à Sébastopol en 1855. Le général se distingua encore pendant la guerre d'Italie, à la bataille de Magenta (1859), ce qui lui valut le titre de maréchal. Il fut cependant vaincu à plates coutures lors de la guerre franco-prussienne de 1870, laquelle provoqua la chute du second Empire. Cela n'empêcha pas Mac-Mahon de commander l'armée qui mit fin à la Commune de Paris (1871). Partisan du rétablissement de la monarchie, il fut élu président provisoire de la République en 1873 par une assemblée majoritairement royaliste et bonapartiste. Cependant, les républicains progressaient dans les élections des années suivantes. Mac-Mahon tenta d'y résister le 16 mai 1877, en nommant un président du Conseil monarchiste, mais les républicains étaient désormais majoritaires à la Chambre des députés. Leur chef, Gambetta, le somma de « se soumettre ou de se démettre ». Il se soumit et finit par démissionner en 1879. La IIIᵉ République était ainsi née. Dès lors s'attacha à lui un certain nombre de déclarations, peut-être apocryphes mais populaires dès les années 1880. Il aurait ainsi déclaré en 1875, lorsqu'il visitait la ville de Moissac, près de Toulouse, dévastée par une inondation : « Que d'eau ! Que d'eau ! » Il devenait alors une sorte d'incarnation du célèbre personnage, M. Prudhomme, à qui Monnier faisait dire : « La mer : une telle quantité d'eau frise le ridicule... Et encore on n'en voit que le dessus. » Au même Mac-Mahon on prêta aussi cette fine déclaration : « La fièvre typhoïde est une maladie terrible. Ou on en meurt, ou on en reste idiot. Et je sais de quoi je parle, je l'ai eue. »

« Qui m'aime me suive ! »

Sens : *exhortation à suivre un chef à la bataille ou dans une entreprise périlleuse.*

Référence : *exclamation du roi de France Philippe VI de Valois* parti en guerre en 1328.*

Lorsque le roi de France Charles IV le Bel mourut en 1328, il ne laissa aucun enfant mâle mais sa femme Jeanne d'Évreux était enceinte. En attendant l'accouchement, son cousin Philippe de Valois fut nommé régent par une assemblée de barons. Or Jeanne donna naissance à une fille. Se posa alors la question de savoir qui succéderait comme roi à Charles IV : serait-ce le régent Philippe, le plus proche parent de Charles par les mâles, ou bien Édouard III, le roi d'Angleterre, le plus proche parent par les femmes, en l'occurrence sa mère Isabelle, sœur de Charles ? Les barons choisirent finalement Philippe qui fut sacré roi de France à Reims en mai 1328. Bien que sa légitimité fût encore bien mal assurée, il décida aussitôt de partir en guerre pour soutenir son vassal Louis de Nevers, comte de Flandre, contre lequel les villes de Flandre s'étaient révoltées. Mais les grands barons ne souhaitaient pas partir. Le nouveau roi demanda alors son avis au connétable Gautier de Crécy, seigneur de Châtillon, lequel, bien que réticent lui-même, selon le chroniqueur Froissart, lui répondit : « *Qui a bon cœur à la bataille, toujours trouve temps convenable* » (ou « *Qui a bon cœur trouve toujours bon temps pour la bataille* »). Le roi en fut très joyeux, l'embrassa et s'exclama, pour rallier les autres : « Qui m'aime me suive ! » Il partit ainsi en campagne et vainquit les milices flamandes à la bataille de Cassel le 23 août 1328. La formule resta dans l'histoire et entra même dans le langage courant pour rallier des fidèles un peu tièdes à l'action.

« La réforme, oui ; la chienlit, non »

Sens : *éventuel accord pour faire une réforme concédée d'en haut, mais refus de tout mouvement de revendication dont on dénie la légitimité en le qualifiant de carnaval.*

Référence : *formule attribuée au général de Gaulle, dans une déclaration du Premier ministre Georges Pompidou le 19 mai 1968, pour qualifier le mouvement étudiant.*

Répondant à une question d'une journaliste sur le « problème étudiant », Georges Pompidou, qui sortait de l'Élysée, avait résumé ainsi la pensée du général de Gaulle. Le président de la République avait déjà manifesté son peu de considération pour les « événements » en partant le 14 mai pour un voyage officiel en Roumanie dont il n'était revenu que le 18. Le 19 mai, sa stratégie était apparemment de proposer des réformes et un référendum, ce qu'il fit le 24 mai. La formule lapidaire et le terme, rare, de « chienlit » eurent un succès foudroyant. Les étudiants y virent une injure et des affiches lui renvoyèrent le compliment avec le slogan : « La chienlit, c'est lui ! »

Le mot a une longue histoire, qui n'est pas sans liens avec la situation anarchique, aux yeux du gouvernement, que connaît alors le Quartier latin. Un « chie-en-lit » désigne en effet un personnage de carnaval, et la « chie-en-lit » le défilé de carnaval, lors du mardi gras. On imagine assez bien l'origine du mot, dans le contexte du mardi gras où traditionnellement le carnaval s'accompagnait de ripailles, de beuveries et d'obscénités diverses et variées : le « chie-en-lit » était revêtu d'une chemise dépassant le pantalon (ou la culotte, selon les époques) et dont l'arrière laissait entrevoir une tache dont l'origine se laisse supposer. Les enfants criaient « A la chienlit » au passage du défilé, par corruption de l'exclamation « Il a chié au lit ! ». Le carnaval de Paris avait connu au début du XIXe siècle, sous la monarchie de Juillet (1830-1848), un véritable renouveau avec de nombreux bals populaires qui se tenaient notamment dans le quartier de la Courtille (à Belleville) : après la nuit du mardi gras, il y avait un défilé grotesque qui « descendait » de la Courtille par la rue du faubourg Montmartre et la rue Montmartre vers le centre de Paris jusqu'à la Seine. C'était l'occasion pour les bourgeois de s'encanailler et à la foule du petit peuple, titis, gamins, poissardes et autres débardeurs de se manifester de manière joyeuse et parfois subversive.

L'emploi du terme « chienlit » servait donc à déconsidérer un mouvement politique dont on déniait le sérieux pour en dénoncer le grotesque et le carnavalesque. Lors du dépôt du corps d'Émile Zola au Panthéon en 1908, le dessinateur Bobb avait fait une caricature antidreyfusarde et antisémite contre le célèbre écrivain qui avait défendu Dreyfus : Zola y figurait en « chienlit » accoutré d'une chemise et dansant ivre comme un chienlit (Zola avait ainsi décrit et qualifié le mari de Gervaise dans *L'Assom-moir*). L'image était accompagnée d'une citation d'Édouard Drumont, un célèbre polémiste antisé-mite d'alors : « *On est porté à voir dans la panthéo-nisation de Zola, le côté chienlit, le côté carnavalesque, le côté descente de la Courtille.* » On espère que l'inspiration de De Gaulle ne venait pas de Dru-mont, mais peut-être des *Enfants du Paradis* de Marcel Carné, qui se place dans le Paris des années 1830 et s'achève par le défilé de la « descente de la Courtille » ; ou peut-être de l'une des plus anciennes attestations du mot dans le *Gargantua* de Rabelais (chap. 25) où il figure dans une belle bordée d'in-jures : « *Trop-diteulx, Breschedens, Plaisans rous-seaulx, Galliers, Chien-licts, Averlans, Limes sourdes, Faictnéans, Friandeaux, Bustarins, Talvassiers, Rien-ne-vaulx, Rustres, Challans, Hapelopins, Trai-neguaines, gentils Flocquets, Copieux, Landores, Malotrus, Dendins, Baugears, Tezez, Gaubregueux, Guoguelus, Claquedens, Boyers d'étrons, Bergiers de merde...* » Du reste, le rapprochement entre Rabe-lais et la foule populaire du mardi gras nous est autorisé par Victor Hugo : il avait connu la « des-cente de la Courtille » et célébrait les gamins de Paris à travers le personnage de Gavroche, et avait ainsi écrit dans *Les Misérables* : « Le gamin de Paris, c'est Rabelais petit. » Les étudiants de mai 1968 auraient donc pu rétorquer en traitant de Gaulle de « Lime sourde » (« hypocrite »), « Gaubregueux » (« mauvais railleur ») ou bien encore « Guoguelu » (« fat »)... au lieu de se contenter d'un enfantin : c'est pas nous, c'est lui, la chienlit.

Révolution copernicienne

Sens : *innovation technique ou de la pensée qui produit un bouleversement radical.*

Référence : *révolution des théories astronomiques du savant polonais Nicolas Copernic (1473-1543).*

Mathématicien, médecin et chanoine catholique de la cathédrale de Frauenburg en Prusse, Copernic avait une passion qui était l'étude de l'astronomie et ses recherches mettaient en cause les idées alors admises. Les Européens avaient en effet adopté le système dit « géocentrique », fondé sur la science antique d'Aristote et du géographe Ptolémée (IIe siècle apr. J.-C.), selon lequel la Terre était immobile et au centre de l'univers. Copernic imagina un nouveau système capable d'expliquer simplement les mouvements célestes par la rotation de la Terre sur elle-même et par le fait que la Terre, ainsi que les autres planètes, tournait autour du Soleil en une année, c'est-à-dire le système « héliocentrique ». Il explique ainsi de manière satisfaisante le mouvement journalier des astres et les variations annuelles. Bien qu'il eût imaginé son système dès les années 1510, il ne se résolut, par prudence, à ne les imprimer qu'à l'âge de 70 ans, en 1543, peu avant sa mort et, qui plus est, chez un éditeur luthérien de Nuremberg dans son *De revolutionibus orbium coelestium (Des révolutions des sphères célestes).* Même si son ouvrage ne fut pas condamné sur-le-champ mais seulement mis à l'index au début du XVIIe siècle, ses idées suscitèrent effectivement l'hostilité de l'Église catholique parce que en déplaçant ainsi le centre de l'univers, il relativisait du même coup la place de l'Homme, la créature de Dieu.

Copernic avait donc été un révolutionnaire prudent et il fallut assez longtemps pour que son système s'impose, grâce au courage lui aussi prudent de Galilée (« Et pourtant, elle tourne »*) et au génie de Newton, non seulement dans la communauté scientifique mais aussi dans l'Église.

« Le roi est mort, vive le roi ! »

Sens : *seule la personne humaine meurt mais non la fonction qu'elle représente.*

Référence : *formulation attestée pour la première fois sous cette forme en France lors des funérailles du roi Louis XII en janvier 1515.*

La formule est la reprise de formules antérieures, du XVe siècle, utilisées lors des funérailles des rois de France. Il s'agissait d'affirmer non seulement la continuité de la fonction royale mais aussi de rendre manifeste la doctrine des « deux corps du roi ». En effet, au XVe siècle, le cérémonial des funérailles se fait en présence d'une effigie du roi mort, en costume royal, couronné et tenant sceptre et main de justice, comme s'il régnait encore (son corps régnant), alors que son autre corps, le corps mort, est dans le cercueil. Cette pratique fut introduite pour les funérailles de Charles VI, à la fin desquelles un héraut s'exclama, dès que le corps fut enseveli : « *Priez pour l'âme de très excellent prince Charles, roi de France* » et aussitôt après : « *Vive Henry, par la grâce de Dieu, roi de France et d'Angleterre !* » C'est qu'en 1422, en pleine guerre de Cent Ans, le roi qui doit succéder à Charles VI n'est pas son fils Charles, déclaré indigne du trône, mais le roi d'Angleterre reconnu légitime par la reine Isabeau, épouse de Charles VI, et le duc de Bourgogne. Certes le dauphin Charles, Charles VII, ne renonça pas à la couronne, mais il fallut Jeanne d'Arc et beaucoup de péripéties pour qu'il pût reprendre en main son royaume et bouter les Anglais hors de France. À sa propre mort, en 1461, il eut droit lui aussi à une effigie lors de ses funérailles à Saint-Denis et quand son cercueil fut enseveli, on s'écria : « *Dieu ait l'âme du roi Charles* » suivi de « *Vive le roi Louis* » (Louis XI, son fils). La formule « Le roi est mort, vive le roi ! », restée dans les mémoires, ne fut utilisée qu'à partir de 1515 et au cours du XVIe siècle. Le sens symbolique de la cérémonie était de manifester que le roi, mort mais pas encore enterré, régnait encore jusqu'au moment précis de l'ensevelissement. Alors, aussitôt, commençait le règne de son successeur. À partir de la mort du roi Henri IV, la formule juridique « le roi ne meurt jamais » s'imposa : il ne fut donc plus nécessaire d'avoir une sorte d'interrègne cérémoniel ni d'effigie du mort.

« S'ils n'ont pas de pain, qu'ils mangent de la brioche ! »

Sens : *citation utilisée pour dénoncer l'ignorance ou le mépris des conditions de vie du petit peuple.*

Référence : *apocryphe, elle est prêtée à la reine Marie-Antoinette, épouse de Louis XVI, lors des « journées révolutionnaires » des 5-6 octobre 1789.*

Le 5 octobre 1789, une foule de milliers de femmes marcha de Paris à Versailles pour réclamer du pain au roi, entraînant derrière elles un second cortège d'hommes en armes de la Garde nationale parisienne, avec à sa tête La Fayette. Les femmes envahirent la salle de l'Assemblée nationale et une députation obtint la promesse du roi de fournir du pain. La foule resta cependant à Versailles et à l'aube du 6 octobre, elle s'introduisit dans le château et pénétra jusqu'aux appartements de la reine, en tuant quelques gardes du corps. L'ordre fut rétabli par la Garde nationale mais la foule réclama désormais l'installation du roi à Paris. Louis XVI accepta pour calmer les émeutiers. Un nouveau cortège se forma pour amener « le boulanger, la boulangère et le petit mitron » à Paris (c'est-à-dire le roi, la reine et le dauphin), les uns brandissant des piques surmontées de miches de pain ou d'une tête de garde du corps. Ce serait au cours de ces journées que la reine aurait conseillé de manger de la brioche à ceux qui réclamaient du pain : or, la brioche, plus chère, était évidemment inaccessible au petit peuple et n'était même pas considérée comme nourrissante. L'attribution est en fait légendaire : elle témoigne simplement de la vision négative de la reine de la part des révolutionnaires. Du reste, ce « dire » à valeur exemplaire se retrouve dans plusieurs anecdotes du XVIe au XVIIIe siècle, dans l'intention de dénoncer la bêtise ou l'arrogance des puissants en général et des femmes en particulier. Il se retrouve aussi dans les *Confessions* de Jean-Jacques Rousseau rédigées à partir de 1765 : « *Enfin je me rappelai le pis-aller d'une grande princesse à qui l'on disait que les paysans n'avaient pas de pain, et qui répondit : Qu'ils mangent de la brioche* » (livre VI). L'expression est ressortie récemment à l'occasion d'une déclaration malencontreuse d'une ministre des Finances, qui, afin de lutter contre la hausse du prix des carburants, conseillait aux Français d'utiliser le vélo plutôt que la voiture.

Stalinien

Sens : *adjectif péjoratif qui qualifie un régime fondé systématiquement sur la terreur et / ou des pratiques autoritaires.*

Référence : *tiré du nom de Joseph Staline (1878-1953) qui dirigea l'Union soviétique de 1928 jusqu'à sa mort.*

Après la mort de Lénine en 1924, Staline parvint en quelques années à devenir le chef incontesté du Parti communiste soviétique et à diriger l'URSS, après avoir éliminé tous ses concurrents potentiels, d'abord politiquement, puis par des exils ou des exécutions. Sous sa conduite, le régime soviétique devint une dictature où aucune opposition n'était tolérée, que ce soit à l'intérieur du parti ou dans la population. Il engagea son pays dans la « construction du socialisme », en menant une politique économique autoritaire (la planification, l'industrialisation à outrance et le sacrifice de l'agriculture) afin, pensait-il, de rattraper le niveau des pays capitalistes. Ce but justifie la contrainte exercée sur le parti communiste qui est devenu une énorme machine bureaucratique. Il est à plusieurs reprises « purgé » aussi bien au sommet (les grands procès de Moscou des années 1930) qu'à la base, dès que la moindre opposition se manifeste. La population est également étroitement contrôlée par la police politique et soumise à une propagande intensive. Des centaines de milliers de personnes, paysans « riches », « saboteurs », minorités nationales « suspectes », etc. sont arrêtées et déportées dans les camps du goulag, lorsqu'elles ne sont pas exécutées. Dans les années 1930, Staline et l'URSS font peur aux démocraties libérales ou aux dictatures de droite : les crimes et la dictature de Staline y sont dénoncés avec violence. Mais le modèle « stalinien » est accepté très largement dans les partis communistes européens, sous l'effet d'un mélange d'aveuglement, de cynisme et d'idéalisme sincère. Ces partis sont d'ailleurs eux-mêmes mis au pas, sous l'étroite surveillance de l'URSS. Seule une très étroite minorité de communistes, principalement les partisans de Trotski, expulsé d'URSS en 1929, s'oppose à Staline. Malgré le brouillage de l'image « antifasciste » de l'URSS et des communistes due au pacte germano-soviétique de 1939 conclu entre Hitler et Staline, l'attaque allemande contre l'URSS en 1941 range finalement Staline et l'URSS dans le bon camp. La large contribution de l'URSS à la victoire des Alliés sur l'Allemagne nazie porte Staline au sommet de son prestige. Ce n'est qu'après sa mort, en 1953, que les communistes mirent en cause le stalinisme, de manière très progressive et en faisant porter la responsabilité des « crimes » essentiellement sur la personne seule de Staline. Malgré la « déstalinisation », les pratiques autoritaires ne cessèrent pas, ni en URSS, ni dans les régimes communistes nés après-guerre, même si elles furent (quantitativement) moins sanglantes. Toutefois, à partir des années 1960, l'influence des communistes en Europe reflua et les répressions menées en 1956 en Hongrie et en 1968 en Tchécoslovaquie achevèrent de leur aliéner l'opinion de gauche. En 1968, en France, la majorité des étudiants révoltés de mai 1968 ne se reconnaissent pas dans le communisme « orthodoxe » et fustigent les « stals » (les « staliniens ») du Parti communiste français restés fidèles à l'URSS. Il est vrai que certains d'entre eux se réclamaient du maoïsme qui, en matière de crimes et de dictature, n'avait guère de choses à envier au « stalinisme ». Avec le déclin accéléré du PCF dans les années 1970 et 1980, puis l'effondrement des régimes communistes européens de 1989 à 1991, URSS comprise, le qualificatif « stalinien » ne sert plus seulement à marquer les différences entre marxistes et communistes, qui se reconnaissaient ou non dans le régime soviétique. Il est utilisé plus vaguement pour dénoncer toute pratique autoritaire dans un parti, par exemple des exclusions jugées abusives, que ce soit à gauche comme à droite, faisant référence aux procès de Moscou des années 1930.

Tirer à la grosse Bertha

Sens : *utiliser l'artillerie lourde ; employer d'énormes moyens pour écraser un adversaire.*

Référence : « *grosse Bertha* » *est le surnom familier donné par les Français aux obusiers géants à très longue portée qui bombardèrent Paris en 1918.*

L'artillerie allemande utilisée en 1914-1918 était principalement construite par les usines de la firme Krupp d'Essen, l'une des entreprises de sidérurgie les plus importantes et les plus innovantes du XIXe siècle. Celle-ci fabriqua notamment un nouveau type d'obusier de siège, de 420 mm de diamètre, destiné à détruire des fortifications de béton. L'obusier reçut le surnom de « Bertha », d'après le nom de Bertha Krupp, l'héritière de la dynastie Krupp, et « grosse » (*Dicke*) parce qu'il s'agissait d'une pièce d'artillerie lourde. Les « grosses Bertha » furent utilisées par les Allemands au début de la guerre pour le siège de Liège en août 1914, puis à de nombreuses reprises, en particulier à Verdun. Ces obusiers impressionnèrent par leur efficacité dévastatrice. Les Français ont plus tard donné le surnom de « Bertha » à un autre type de canon, ceux à très longue portée (plus de 100 km) qui bombardèrent Paris au printemps 1918, techniquement à tort puisque les « Bertha » ne tiraient qu'à une dizaine de kilomètres, mais le surnom avait frappé l'opinion : il semblait bien adapté à l'image qu'elle pouvait se faire d'une grosse et méchante Allemande, même si Bertha Krupp était certes allemande mais pas spécialement méchante... ni même grosse.

Tomber (ou pleuvoir) comme à Gravelotte

Sens : *se dit d'une pluie battante, violente et drue, ou d'une succession rapide de choses.*

Référence : *le village de Gravelotte, près de Metz, situé sur le champ de bataille des 16 et 18 août 1870 entre les Français et les Allemands.*

Le modeste village lorrain n'a guère été retenu que parce qu'il était un des lieux de deux féroces batailles de la guerre de 1870 à l'ouest de Metz. On considère généralement que l'expression fait référence aux énormes pertes subies de part et d'autre. Le nom Gravelotte est donné par les Français à la bataille du 16 août (également Rezonville) et par les Allemands à celle du 18 août (pour les Français, Saint-Privat). Les deux batailles furent extrêmement meurtrières et on ne sait trop si l'expression proverbiale fait référence à un épisode précis de ces deux batailles ou aux deux batailles à la fois, mais l'expression est uniquement française. Le « ça tombe » peut s'appliquer à la véritable hécatombe de cavalerie du 16 août dont les charges de part et d'autre sont restées tristement célèbres : la charge des cuirassiers français de la Garde fut ainsi arrêtée par un tir nourri et causa la perte de 243 chevaux ; celles, répétées, des Prussiens, furent également arrêtées, notamment celle du général Bredow, qui perdit la moitié de ses 800 chevaux et reçut chez les Allemands le nom de « chevauchée de la mort ». Ce jour-là, les deux armées comptèrent 16 000 tués ou blessés du côté français et 17 000 du côté allemand. La bataille du 18 août ne fut pas moins meurtrière : 13 000 pertes du côté français et 17 000 du côté allemand. Cette fois, le village de Gravelotte fut le point de départ de plusieurs offensives allemandes, dont la plupart se heurtèrent à un feu nourri des Français et furent stoppées. Lors des deux batailles, les Français utilisèrent une arme nouvelle, la mitrailleuse Reffye, qui fit, à certaines occasions, des ravages considérables chez l'ennemi : le « ça tombe » pourrait alors évoquer la pluie de balles ou même la pluie des corps fauchés par ces mêmes balles. Nul n'explique comment cette référence sinistre à une hécatombe humaine a fini par s'appliquer à la pluie : peut-être faut-il y voir un effet de l'insouciance des écoliers qui durent apprendre ces batailles et en retenir surtout les impressionnantes pertes.

Travail de bénédictin

Sens : *énorme et minutieux travail d'érudition.*

Référence : *les membres des ordres monastiques qui suivent la règle de saint Benoît rédigée au VIe siècle.*

Benoît de Nursie fonda vers 529 l'abbaye du Mont-Cassin en Italie. Il rédigea pour sa communauté de moines une règle qui devint rapidement le modèle de la règle monastique dans l'Occident catholique. Outre les règles de pauvreté, de chasteté et d'obéissance qui caractérisent la vie monastique, Benoît astreint les moines à la lecture et au travail manuel. Pendant tout le Moyen Âge, jusqu'à l'invention de l'imprimerie, l'une des principales tâches des moines était de recopier les manuscrits religieux (la Bible, les écrits des Pères de l'Église) ou profanes (les textes des auteurs latins de l'Antiquité). Grâce à ce travail patient et sans fin, les monastères disposaient de bibliothèques qui ont permis de transmettre le savoir antique. Certaines abbayes, comme celle de Saint-Maur près de Paris, devinrent des écoles et de grands centres intellectuels. Au XVIe siècle, la papauté ordonna aux monastères qui suivaient la règle de saint Benoît de se regrouper en un ordre, dit désormais bénédictin. En France, celui-ci s'organisa au XVIIe siècle : la congrégation de Saint-Maur en fut une des branches les plus importantes. Celle-ci s'installa dans l'abbaye de Saint-Germain-des-Prés à Paris et se consacra notamment à des travaux de rassemblement et d'édition de documents anciens, qui sont encore des bases solides pour les érudits et les historiens. Ainsi se fit la réputation du travail de bénédictin dont le style acharné, précis et minutieux n'est plus guère de mode en ce XXIe siècle du zapping.

Travailler pour le roi de Prusse

Sens : *travailler uniquement au bénéfice d'un tiers ; travailler pour un profit nul, pour des prunes...*

Référence : *l'un des rois de Prusse du XVIIIe siècle.*

L'expression devenue proverbiale au XIXe siècle n'a pas une seule origine assurée mais trois, qui ne s'excluent d'ailleurs pas.

La plus courante concerne les résultats du traité de paix d'Aix-la-Chapelle du 28 octobre 1748, qui mettait fin à huit années de guerres en Europe. La France s'était engagée dans la guerre en 1741 mais malgré les victoires et même les conquêtes françaises, la France s'était retrouvée isolée et dut conclure la paix. Le roi de France Louis XV n'exigea aucune acquisition territoriale. Voltaire dans son *Siècle de Louis XV* fait dire au représentant de Louis XV au congrès d'Aix-la-Chapelle, le marquis de Saint-Séverin, que « *son maître voulait faire la paix non en marchand mais en roi* » et en conséquence ne réclamait rien pour lui mais seulement pour ses alliés, dont le roi de Prusse. Et de fait, grâce à l'alliance française, seul le roi de Prusse Frédéric II (1740-1786) avait fait un gain important : il avait profité de la situation pour s'emparer dès 1740 de la Silésie, possession autrichienne, et cette conquête fut confirmée par Marie-Thérèse et toute l'Europe. Dire que Louis XV avait « *travaillé pour le roi de Prusse* », c'était dénoncer la politique extérieure de Louis XV qui fut, d'ailleurs, plus catastrophique encore les années suivantes. Elle servit aussi au XIXe siècle pour critiquer la politique de Napoléon III favorable à l'unité allemande menée par la Prusse jusqu'en 1867 : il n'en tira aucun bénéfice pour la France et la Prusse se tourna contre lui, ce qui causa sa défaite et sa chute en 1870.

L'autre explication viendrait d'une anecdote concernant le jeune Frédéric de Prusse et son père le brutal « roi-sergent » Frédéric-Guillaume Ier. Ce dernier maltraitait son fils qui avait décidé de s'enfuir en 1730. Le projet fut découvert et le jeune prince emprisonné. L'un de ses complices et ami, le jeune Katt, fut décapité sous ses yeux. Frédéric-Guillaume aurait même songé à faire exécuter son fils pour trahison. Il n'y renonça, disait-on, que sur la pression du comte de Seckendorff, ambassadeur de l'empereur Charles VI. Or, Frédéric, devenu roi dix ans plus tard, ne sut aucun gré au comte de Seckendorff et en fit un portrait au vitriol dans l'histoire de son père qu'il rédigea. Voltaire raconta cette anecdote et conclut ainsi pour dénoncer l'ingratitude de Frédéric : « *Après cela, servez les princes et empêchez qu'on leur coupe la tête.* »

Enfin une troisième explication est liée au régime fiscal extrêmement dur et efficace qui fut mis en place en Prusse et au Brandebourg. L'initiateur en fut l'électeur de Brandebourg, Frédéric-Guillaume (1640-1688), qui créa une taxe sur tous les biens de consommation qui pesait donc sur toute la population. Elle lui permit de forger la quatrième armée d'Europe, qui comprenait d'ailleurs de nombreux officiers français, un véritable exploit pour cet État encore petit et peu prestigieux. Cette politique fiscale rigoureuse fut suivie par son fils Frédéric Ier, qui obtint le titre de roi en 1701, et surtout par son petit-fils Frédéric-Guillaume Ier dont la rapacité fiscale était célèbre dans toute l'Europe. Entre autres anecdotes, il payait si mal son ambassadeur à La Haye, que ce dernier dut couper quelques arbres d'un parc appartenant à son roi pour se chauffer : Frédéric-Guillaume Ier, dès qu'il l'apprit, le priva d'une année d'appointements. Mais c'est surtout l'impôt sur la consommation qui frappait les esprits et on disait donc que les Prussiens ne travaillaient pas pour vivre mais pour payer les impôts du roi de Prusse.

Watergate

Sens : *scandale politique majeur susceptible de faire chuter un chef d'État ou de gouvernement.*

Référence : *un scandale qui éclata en 1972 et provoqua la démission du président des États-Unis Richard Nixon en 1974.*

Le Watergate est, à Washington, un immeuble abritant les locaux du Parti démocrate américain. L'affaire commença par une histoire assez anodine : la police surprit cinq intrus en possession de tout un appareillage de photographie et de micros, la nuit du 17 juin 1972, dans l'immeuble du Parti démocrate. Les États-Unis étaient alors en pleine campagne électorale : Nixon, représentant du Parti républicain, cherchait à se faire réélire. L'affaire aurait pu en rester là. Nixon fut d'ailleurs facilement élu en novembre 1972. Or, l'un des cinq cambrioleurs se révéla être un agent du service de sécurité du « Comité pour la réélection du Président » (CRP) de Nixon. L'acharnement de deux journalistes du *Washington Post*, Carl Bernstein et Bob Woodward, mit peu à peu au jour les liens entre cette tentative d'écoute, les différents services secrets et la Maison-Blanche, grâce notamment à un informateur secret. En 1973, l'affaire prit une tournure judiciaire et une commission d'enquête du Sénat américain fut mise en place, menaçant directement le Président. Nixon et son entourage s'enferrèrent dans les mensonges, tout en cherchant à détruire les preuves. Les audiences de la commission, télévisées, révélèrent d'autres abus de pouvoir et d'autres complots organisés par la Maison-Blanche. Le Président fut accusé d'obstruction à la justice et fut menacé d'une procédure de destitution, l'*impeachment*. Afin d'éviter que cette procédure ne fût menée à son terme, il préféra démissionner le 9 août 1974. L'affaire du Watergate devint emblématique du pouvoir représenté par la presse et la télévision (le « quatrième pouvoir »). Depuis, une affaire compromettant le pouvoir exécutif révélée par la presse, aux États-Unis comme ailleurs, suscite l'évocation de ce scandale : ainsi en France, à propos de l'obscure affaire « Clearstream » impliquant un Premier ministre et un ministre de l'Intérieur devenu président de la République, s'est-on interrogé sur l'émergence d'un « Watergate à la française ».

Yalta, un partage de Yalta

Sens : *un partage cynique du monde entre grandes puissances.*

Référence : *la conférence de Yalta du 4 au 11 février 1945.*

Alors que l'Allemagne nazie était en passe d'être vaincue, une conférence réunit le 4 février 1945 les trois « Grands » : Staline pour l'URSS, Roosevelt pour les États-Unis et Churchill pour le Royaume-Uni. De Gaulle, qui pourtant l'espérait, n'y fut pas convié pour y représenter la France. La conférence se déroula dans une atmosphère cordiale et avait pour objet de préciser les conditions de l'immédiat après-guerre. Les principales décisions portèrent sur le tracé de la future frontière polonaise, la définition des zones d'occupation en Allemagne, une indemnité de guerre pour l'URSS, la tenue d'élections démocratiques dans l'Europe libérée et enfin différentes mesures concernant l'ONU en cours de création et le procès des criminels de guerre nazis. Roosevelt obtint aussi de Staline la promesse d'engager des troupes contre le Japon en Chine, dès que la capitulation allemande serait acquise. Comme on le voit, il ne s'agissait en rien d'un partage du monde. Les accords étaient même très en deçà de ce qu'avait accordé Churchill en octobre 1944 à Staline, en termes de zones d'influences. Pourtant, la réputation de Yalta devint vite mauvaise parce que, dans les trois années qui suivirent, les communistes prirent le pouvoir dans toute l'Europe de l'Est qui tombe sous la coupe de l'URSS. L'entente entre les Alliés s'était muée en guerre froide*, entraînant de fait un partage du monde en deux blocs. La réputation de Yalta doit aussi beaucoup en France à de Gaulle qui avait été exaspéré d'en avoir été exclu. Aux États-Unis, le Parti républicain dénonça Yalta et la faiblesse et la naïveté du président Roosevelt (qui était du Parti démocrate) face à Staline et aux communistes. Roosevelt était en effet très malade en février 1945 et apparut en chaise roulante sur les photographies de Yalta : il mourut d'ailleurs le 12 avril. Ainsi, Yalta devint, à tort, le symbole du partage du monde né de la guerre froide entre les deux « superpuissances », le rôle de Churchill étant oublié. Entré dans le langage courant, le terme

Yalta est utilisé pour tout accord de grande ampleur – qu'il s'agisse du monde ou d'une grande région – concernant deux grands pays, voire deux multinationales... aux dépens des plus petits.

Index des noms propres

Librio

875

Composition PCA
Achevé d'imprimer en France par Aubin
en août 2008 pour le compte de E.J.L.
87, quai Panhard-et-Levassor, 75013 Paris
Dépôt légal août 2008
EAN 9782290009024

Diffusion France et étranger : Flammarion